# HUBERTUSCOCKTAIL

*Für meinen Schwiegersohn Christian*

Gert G. von Harling

# Hubertuscocktail

## Humor ist, wenn man trotzdem jagt

KOSMOS

Umschlaggestaltung von eStudio Calamar, unter Verwendung einer Illustration von Heinz Geilfus

Mit 16 Farbillustrationen von Heinz Geilfus und vier Schwarzweiß-Illustrationen von Wilfried Sloman

**Bibliografische Information Der Deutschen Bibliothek**
Die Deutsche Bibliothek verzeichnet diese Publikation in der Deutschen Nationalbibliografie, detaillierte bibliografische Daten sind im Internet über http://dnb.ddb.de abrufbar.



Gedruckt auf chlorfrei gebleichtem Papier


ISBN 3-440-09070-1
Redaktion: Ekkehard Ophoven
Printed in Czech Republic / Imprimé en République Tchèque

# Inhaltsverzeichnis

# Waidmannsheil! Mein Hobby ist Jagen

Ist Jagd Sport? Ist Jagd auch Sport? Ist Jagd mehr als Sport? Hat Jagd mit Sport nichts zu tun? Ist Jagd ein Hobby?

Jagd als „Hobby“, als „Spielerei“ zu bezeichnen, grenzt nach Meinung mancher „Tierfreunde“ an etwas Ungeheuerliches. „Jagd ist kein Hobby, sondern eine regulierende, volkswirtschaftliche und kulturelle Aufgabe“, wurde ich beim Schüsseltreiben belehrt. „Ein Hobby übt man zum Zeitvertreib aus“, setzte mein Gegenüber noch dazu.

Ich will ja gar nicht widersprechen, gewiss ist Jagd eine ernste, zeitaufwändige, mitunter strapaziöse und kostspielige Angelegenheit, aber deswegen kann sie doch auch ein Hobby sein, und vor allem muss sie Spaß machen, denn nur das, was man gerne, mit Freude und ganzem Herzen tut, kann auch gelingen.

Die Beizjagd, das Nachstellen von Wild mit abgetragenen Greifvögeln, erlebte zur Zeit der Stauferkönige ihre Blütezeit. Sie war zwar das Vorrecht der Mächtigen des Landes, aber auch Frauen liebten diese Jagdart und begleiteten aus Freude daran ihre besseren Hälften. Da das zarte Geschlecht aber selten über die Körperkräfte ausgewachsener Männer verfügte und nicht in der Lage war, einen Falken oder gar Adler über längere Zeit zu tragen, nahmen sie damals einen Turmfalken, einen Sperber oder eine Drossel auf die Faust. Diese Vögel, eine Liebhaberei der Frauen aus dem Mittelalter, bezeichnet man als „Hobby“.

Der Ursprung des Wortes „Hobby“ liegt also durchaus im jagdlichen Bereich. Laut Duden leitet sich das Wort Hobby aus dem Englischen ab und bedeutet eben soviel wie Liebhaberei. Das aber heißt wiederum, dass ich etwas aus Liebe tue.

Gerade für unsere „Konsumgesellschaft“ ist Liebe ja etwas ganz Besonderes: Sie ist das Einzige, das wir nicht wie ein Auto, ein Haus oder Anerkennung kaufen können.

Wenn ich eine Beschäftigung liebe, werde ich sie mit Passion und mit Sorgfalt gerne und selbstlos ausführen, nicht nach Geld, Dank oder Lob fragen, und ich werde bestrebt sein, alles zu tun, um dieser Beschäftigung behutsam und keinesfalls zerstörerisch nachzugehen, damit ich sie mein Leben lang ausüben kann.

Ja: Ich jage gerne und kann mir ein Leben ohne das Waidwerk nicht vorstellen, weil ich die Natur und die Tiere liebe, auch wenn mit der Jagd das Töten untrennbar verbunden ist. Gott liebt auch die Menschen, und trotzdem muss jeder von uns einmal sterben.

Jagd aus sportlichen Motiven – zur Schärfung der Sinne, Kräftigung des Körpers durch Bewegung in frischer Luft und in freier Natur sowie zur Schulung des Wahrnehmungsvermögens und der Konzentration der Sinne – hat heute nur noch untergeordnete Bedeutung. Jagen bedeutet auch, einen gesetzlichen Auftrag zu erfüllen.

Aber das Jagen muss Freude bereiten. Nur was man aus Freude tut, gelingt. Wir sollten uns dazu bekennen, aus Freude zu jagen!

Ich jage – und kann das nicht oft genug erwähnen – weil es mir einfach Spaß macht, weil es mir Freude bereitet, in Gottes freier Natur herumzustreifen und Beute zu machen.

Natürlich mache ich längst nicht jeden Tag Strecke, aber jeder Tag, den ich auf der Jagd verbringe, beschert mir Beute für die Seele, ist für mich eine erfreuliche Bereicherung meines Lebens. Ich genieße sie ganz bewusst und aus vollem Herzen, und vielleicht überzeuge ich mit diesem Büchlein manchen Grünrock davon, dass er die Jagd nicht immer nur als eine notwendige, bierernste Angelegenheit auffasst, sondern ebenfalls frei und ehrlich bekennt: „Ich jage auch aus Freude!"

Meinem bescheidenen Ehrgeiz genügt es, in diesem Buch Jäger oder Angler von ihrer heiteren, schwachen oder komischen Seite zu schildern und damit dem Leser einige vergnügte Stunden zu bereiten.

PS.: Anmerkung für diejenigen, die alles, was sie gedruckt sehen, ernst nehmen: Vielleicht haben sich nicht alle Geschichten ganz exakt so zugetragen, wie in diesem Buch beschrieben, aber – und dafür lege ich meine Hand ins Feuer – ganz bestimmt so ähnlich.

Und sollte jemand glauben, sich in der einen oder anderen Figur wieder zu erkennen, bitte ich freundlichst um Nachsicht, wenn ich nicht lange und gründlich genug überlegt oder anders formuliert habe – widersprechen will ich aber nicht unbedingt.

Lüneburg, zur Hirschbrunft *Gert G. von Harling*

# Der „Druckfehler“

Journalisten haben, glaubt man manchen Zeitgenossen, heute die (un)heimliche Macht und das eigentliche Sagen in unserem Land.

Ich bin Journalist, aber diese Behauptung trifft auf mich leider nicht zu. Wenn ich durch meinen Beruf auch nur einen Funken davon besäße, würde ich gewiss von denen, die von meinem Wissen oder meiner Tätigkeit abhängig sind, öfter zur Jagd eingeladen werden oder mir selbst mehr und bessere Jagdgelegenheiten verschaffen können. So, ohne „Macht“, bekomme ich leider jährlich nur eine Einladung, die ich meinem Beruf verdanke.

„Sie zogen aus, bis an die Zähne bewaffnet, an die Dreißigtausend, an die Dreihundert, an die Dreißig, schrecklich anzusehen in ihrem Kriegsschmuck.“ – Ich denke unwillkürlich an die Geschichte von Mümmelmann, die der Heidedichter und Journalist Hermann Löns so treffend beschrieben hat, und blinzele dabei in den klaren, kühlen Novembermorgen. Wieder einmal hatte der Ministerpräsident Damen und Herren der schreibenden Zunft zur „Medienjagd“ in die staatlichen Reviere des Reinhardswaldes eingeladen.

Neben, hinter und vor mir stehen Jäger, Treiber, Hunde, ein farbenfrohes Durcheinander, bunt wie der Herbsttag und wie das Laub der Bäume. Es herrscht ein Gewirr von Dialekten und Sprachfetzen wie einst im alten Babylon.

Da gestikulieren sie nun: jagdbegeisterte Chefredakteure, Fernsehansagerinnen, Sportjournalisten, berühmte Zeitungshasen und betagte Reporter neben eher unerfahrenen, jungen Redakteurinnen, wie aus dem Katalog gekleidete Damen und Herren neben urigen Hundeführern und altgedienten Waldarbeitern in abgeschabter „jagderfahrener“ Kleidung, Jungjäger und -innen neben uniformierten Forstbeamten. Es ist ein buntes Gemisch aller Gesellschaftsklassen.

Neben Diskussionen über aktuelle Tagesthemen hört man den seit langem ausgedienten Witz: „Na, was haben Sie verkauft, seitdem Sie sich im vergangenen Jahr als freier Journalist selbständig gemacht haben?" – Antwort: „Meinen Hund und meinen Drilling!"

„Hatte auf der letzten Jagd ein fantastisches Trefferverhältnis – eins zu eins", tönt der gemütliche Leiter einer Rundfunkanstalt. Als ihn zweifelnde Blicke treffen, fährt er schmunzelnd fort: „Ein Pfund Wildbret auf ein Pfund Patronen." Großes Gelächter!

Schließlich kommt Ordnung und Ruhe in die bunt zusammengewürfelte Schar, nur der Förster neben mir umbalzt weiterhin eine auffallend hübsche, junge Dame, deren blondes, dichtes Haar wie eine Löwenmähne unter dem etwas zu kleinen grünen Hütchen hervorwallt. Selbstsicher glaubt sich der junge Beamte in seiner schmucken Uniform bereits am Ziel seiner Wünsche, noch ehe die Jagd begonnen hat. Da hebt die Hübsche lachend die rechte Hand mit den Worten: „Trauring, aber wahr!" – Ich brauche als unabsichtlicher Mithörer einige Augenblicke, bis ich das Wortspiel verstehe, der enttäuschte Forstbeamte benötigt länger.

Dann erklingen die Hörner, der Jagdherr tritt vor die Korona und spricht herzliche, freundliche Worte. Er kennt die Damen und Herren der schreibenden Zunft, weiß um deren Freude am Jagen.

Er hat Vertrauen in seine Gäste, und aus seinen Augen spricht Erwartung, als er nach der Begrüßung und den üblichen Sicherheitsbelehrungen bekannt gibt, was geschossen werden darf: Rotspießer bis höchstens Lauscherhöhe, Gabler, Sechser sowie ungerade Achter sind diesmal frei. Weiterhin Kahlwild und Kälber, Überläufer und Frischlinge, weibliches Rehwild und Kitze sowie Füchse.

In das Signal „Aufbruch zur Jagd" mischen sich dann schon wieder Gesprächsfetzen der ungeduldigen Jäger, kritische Bemerkungen der Hundeführer und fröhliche Zwischenrufe der Treiber. Aber nicht lange, denn die straffe Organisation und der knappe Zeitplan lassen längeres Verweilen am Sammelplatz nicht zu.

„Aufsitzen", heißt es, und die muntere Gesellschaft verteilt sich auf verschiedene Autos, um zu den Ständen gefahren zu werden. Alles verläuft wie in den vergangenen Jahren. Sechzig Jäger und Jägerinnen werden von den Forstbeamten in schneller Folge angestellt, dürfen, nachdem sie ihren Stand eingenommen haben, sofort ihr Gewehr laden, und warten nun gespannt auf das Anwechseln von Wild.

Ich sitze an einer mit Gras überwucherten Kultur. Im Rücken steht Fichtenaltholz, links und rechts springt der Wald vor, bildet fast einen Zwangswechsel für das Wild, und ich bin zuversichtlich.

Über mir spannt sich ein unwahrscheinlich blauer, weiter Himmel. Stille! Die Blätter der Birken und Eichen auf der anderen Seite der Kultur leuchten in der Herbstsonne, eine Symphonie aus Gottes Malkasten, letzte prangende Pracht vor trüben Novembertagen und kaltem Dezemberschnee.

Ein Schuss zerreißt die Stille. Weit entfernt fällt ein weiterer, dann kehrt wieder Ruhe ein. Die Sonne steigt höher, und es wird wärmer. Der kalte Morgen ist vergessen. Die Ruhe dauert bis zum Ende des Treibens fort.

Um zwölf Uhr heißt es: „Hahn in Ruh'." Obwohl ich außer einem Kleiber und zwei Kolkraben kein Tier gesehen habe, war es ein schöner Ansitz. Zwanzig Minuten später rollt das Auto des Revierbeamten heran, um mich abzuholen und zum Sammelplatz zu bringen.

Dort angekommen, fliegen geistreiche Kommentare, überschwängliche Berichte, Wortfetzen und fröhliche Bemerkungen nur so hin und her. Witz und Humor beherrschen das muntere Treiben. Die Spannung des Morgens ist einer fröhlichen, entspannten, durch dröhnendes Gelächter untermalten Atmosphäre gewichen. Beherrschendes Gesprächsthema bleiben das Rotwild und die Abschussrichtlinien für Hirsche.

Dann rollt der erste Streckenwagen heran. Neugierig stürzt sich die gesamte wartende Jagdgesellschaft auf den Anhänger. Ein Kalb und ein Tier liegen. Schon kommt der zweite Wagen. Nun sind schon weniger neugierig darauf, was er bringt. Zwei Überläufer werden anschließend zur Strecke gelegt. Beim dritten Auto nimmt kaum noch einer der Schützen Notiz davon, dass zwei Waldarbeiter einen weiteren Überläufer abladen.

Da nähert sich erneut ein Geländewagen mit Anhänger und hält dreißig, vierzig Meter vom Sammelplatz entfernt.

Der Fahrer ist „seine Promillenz“, einer der altgedienten Revierbeamten. Er steigt aus, kniet vor seinem Auto. Hat er eine Panne? Wie verflogen ist die Fröhlichkeit bei den wartenden Jägern. Schlagartig herrscht Ruhe, eine beklemmende Stille macht sich breit. Aus dem Heck des Anhängers ragt nämlich, für alle unübersehbar, die starke Stange eines Kronenhirsches.

Die ganze, bunt zusammengewürfelte Gästegruppe wächst mit einem Male zu einer großen Familie zusammen. „Wer ist der Unglücksschütze gewesen? Wer hat mit einem voreiligen Schuss die ganze Innung blamiert?“, mag so mancher der Journalisten denken.

Angesichts der sprachlosen Schreiberzunft spöttelt einer der Förster tiefsinnig: „Das war ja wohl ein ziemlich kapitaler Druckfehler.“ Es dauert einige Zeit, bis sich die Umstehenden von ihrem Schrecken erholt haben und die Doppeldeutigkeit der Worte begreifen.

Der Fahrer ist zwischenzeitlich in seinen Wagen gekrochen. Langsam kommt das Gefährt näher. Geballt bewegt sich ihm eine schweigsame Schar von Jägern entgegen. Atemlos, gebannt, bedrückt, wütend, verzweifelt, enttäuscht, traurig, ängstlich – kaum zu beschreiben, was plötzlich alles aus den eben noch so fröhlichen Gesichtern der „mächtigen“ Journalisten zu lesen ist.

Und dann stellt sich heraus, dass „seine Promillenz“ uns recht geschickt einen gewaltigen Schrecken eingejagt oder, besser zu dieser Jagd passend, ziemliche Hörner aufgesetzt hat: Mit scheinheiligem Gesicht präsentiert er feixend eine Abwurfstange, die er in der Nähe seines Standes gefunden und so auf dem Streckenwagen platziert hatte, dass tatsächlich alle an einen „Druckfehler“ glauben mussten.

## Wenn Hunde mit dem Schwanz beißen...

Einen echten Heidjer zeichnet Treue, Zuverlässigkeit und Ergebenheit gegenüber seinem Dienstherrn aus. Dabei bleibt er selbstbewusst, Unterwürfigkeit ist nicht seine Sache, und er kann sich,

„Der Kronleuchter“ – neueste Zuchterfolge

„Der wilde Jäger“

obwohl in der Regel sehr wortkarg, der Situation angepasst mündlich vortrefflich artikulieren, wenn es darauf ankommt. Dies zeigt folgende Begebenheit.

Mein Großonkel beschäftigte auf seinem Gut einen Waldarbeiter, dem eines Tages, als er von der Arbeit aus dem Wald heimkehrte, der riesige Weimaraner eines Jagdgastes ein großes Loch in die Manchesterhose und ein kleineres in die Wade darunter biss. Einen weiteren Angriff auf das andere Bein konnte der Holzhauer gerade noch abwehren. Der wütende Hund war außer sich, ließ nicht von seinem Opfer ab, und in seiner Not erschlug der Mann den rasenden Hund schließlich mit der Axt.

Mein Großonkel war sehr ungehalten, obwohl er wusste, dass der Köter schon mehrmals Menschen angefallen hatte und dass Vater Buhr, der schon in der dritten Generation auf dem Gut arbeitete, ein durchaus zuverlässiger Mann war und ohne Zweifel in Notwehr gehandelt hatte, und stellte ihn zur Rede.

„Vater Buhr, nun sind Sie aber in ihrer berechtigten Notwehr zu weit gegangen, hätten Sie den Hund nicht statt mit der Schneide mit dem Stiel der Axt abwehren können?“

„Dschäö, Herr Forstmeister“, erwiderte Vater Buhr, „dat här ik wohl ook daan, wenn mi de Köder mit sien Steert un nich mit de Tähnen bäten harr.“ (Das hätte ich wohl auch gemacht, wenn mich der Hund mit seinem Schwanz und nicht mit den Zähnen gebissen hätte.)

## Von Nieder-, Hoch- und Schürzenjagd

Mein Freund Gernot ist zwar Jäger, aber weitaus mehr als die Jagd schätzt er andere Freuden des Lebens wie einen guten Tropfen und die Damenwelt. Besonders einer „Pirsch in fremden Revieren" ist er nicht abgeneigt. Trotzdem gelingt es mir, ihn eines Nachts zu überreden, zum Fuchsreizen mit ins Revier zu kommen.

Vor zwei Tagen war Vollmond gewesen, schon zeigt sich die helle Scheibe des Erdtrabanten auf der rechten Seite bereits wieder ein wenig abgeflacht. Langsam stapfen wir durch die glitzernde Helle die Eschenbahn entlang zu den Bruchwiesen. Hier hatte ich in den vergangenen Tagen fast täglich frische Fuchsspuren entdeckt.

Der Nachtwind ist eingeschlafen. Kaum ein Laut ist um uns herum zu vernehmen, lediglich unsere knirschenden Schritte klingen verräterisch durch das Schweigen der Nacht, als wir in den von allerlei Fahrzeugen verursachten, jetzt tief zerfurchten Reifenspuren den breiten Sandweg entlang stolpern. Wie glitzerndes Filigran heben sich die feingliedrigen Zweige der Kiefern und Birken am Wegrand deutlich gegen den hellen Nachthimmel ab – wir fühlen uns wie in einem Märchenwald.

Zum Pirschen ist die Witterung denkbar ungeeignet. Deshalb ist Ansitz angesagt. Am Rande der Bruchwiesen stehen zwei Hochsitze, die sich bei dieser Lockjagd für einen gemeinsamen Ansitz geradezu anbieten und mir schon manchen Erfolg in eisiger Winternacht gebracht haben. Sie stehen nämlich am Bruchgraben, der durch sein leises Plätschern die Geräusche des Jägers überdeckt. Und das ist gut so, denn Gernot seufzt tief. Wahrscheinlich ist er in Gedanken gar nicht bei der Jagd, sondern bei seinem letzten Schäferstündchen.

Schließlich erreichen wir die vom satten Mondlicht übergossenen Wiesen. Taghell liegt die riesige Fläche vor uns, und behutsam leuchten wir sie nach Wild ab. Fast im selben Augenblick bemerken wir beide 150 oder gar 200 Gänge entfernt zwei dunkle, schlanke „Wesen" im Schatten des uns gegenüberliegenden Waldrandes und flüstern wie aus einem Mund: „Füchse!"

Durch unsere lichtstarken Ferngläser können wir das „Rotrockpärchen“ fast hautnah heranholen und beobachten, wie es ausgelassen balgend und spielend, so hat es jedenfalls den Anschein, herumtollt. Nun schnüren beide, dabei sehr auf Körperkontakt bedacht, zehn, zwanzig Meter nebeneinander her, springen dann aneinander hoch, verhalten auf den Hinterpranten, jagen sich wie verspielte junge Hunde weit hinaus auf die vom Mondlicht hell erleuchteten Wiesen und wieder zurück in den bei diesem hellen Licht auch nicht schützenden Schatten der hohen Bäume.

Nachdem wir uns mehrere Minuten an dem Treiben der beiden „verliebten“ Rotröcke erfreuen konnten, sind diese offensichtlich müde geworden. Dicht aneinander geschmiegt liegen sie im Schnee, und wir beobachten, wie der stärkere Fuchs, ganz offensichtlich der Rüde, seiner Partnerin „zärtlich“ Kopf und Hals abschleckt.

Vorsichtig lasse ich das Fernglas sinken, nehme den Drilling von der Schulter, klemme ihn mir unter den Oberarm, führe meine Faust an die Lippen, und nun klingt aus meinem Munde Meister Lampes Todesklage durch das weite Wiesental.

Sofort löst sich ein Schemen aus dem gegenüberliegenden Waldschatten, bald auch mit bloßem Auge auszumachen. Es ist der Fuchsrüde, der seine Fähe verlassen hat, dem verlockenden Ruf nicht widerstehen kann und nun auf das vermeintliche Leckermahl zuschnürt. Ich habe ihn bereits im Absehen des Zielfernrohres. Noch ist er zu weit, um schon Herzklopfen zu bekommen, und ich warte gespannt, dass er sich auf Schussentfernung nähert.

Meinem neben mir harrenden Freund scheint die essenzielle Bedeutung, die dieser Klageruf trotz Ranzzeit bei Reineke auszulösen scheint, nicht klar geworden zu sein, denn ich höre Gernot flüstern: „Achtung, er kommt.“ Und begleitet von seinem offenen und gewinnenden Schuljungengrinsen folgen Worte, die mich meine Beherrschung verlieren lassen: „Ich hoffe, dass ich nie in meinem Leben solch einen Hunger haben werde wie dieser Fuchs!“

Mich schüttelt es am ganzen Körper, aber nicht vor Jagdfieber, sondern weil ich das Lachen nicht unterdrücken kann.

## Jürgen, der Einzigartige

Jürgen, ein wahrer Hüne, ein Revierbeamter des Schlages, den man heute nur noch sehr selten antrifft, gehört zu jenen Originalen, die knapp nach dem Jünglingsalter schon „der Olle“ genannt werden.

Er atmet, so kann man es ruhig bezeichnen, durch seine Tabakpfeife. Dabei raucht er ein süßliches, penetrant nach Vanille riechendes Kraut, von dem er sarkastisch behauptet: „Seitdem ich den Tabak rauche, habe ich keine Würmer mehr.“ – Auch überzeugten Nichtrauchern verschlägt dieser Ausspruch die Sprache.

Jürgen ist außerordentlich hilfsbereit, bekleidet mehrere Ehrenämter in der Gemeinde und ist beliebt bei Jung und Alt. Er hat die unerschütterliche Ruhe des echten Heidjers und weiß einfach alles. Jürgen ist zudem passionierter Jäger, noch passionierterer Hundeführer, seine allergrößte Passion aber gehört dem Jagdhornblasen. So ist er auch Obmann unserer Jagdhornbläsergruppe.

Alles, was Jürgen tut, macht er sehr gewissenhaft. Beim Jagdhornblasen, das ihm über alles geht, entwickelt er einen ganz unglaublichen Ehrgeiz und erwartet, ja verlangt von seinen Zöglingen Leistungen, Pünktlichkeit, äußersten Einsatz und absolute Disziplin. Es grenzt schon an Fanatismus, wenn er jeden Donnerstag die Bläser antreten lässt und mit ihnen bis zur Erschöpfung Stück für Stück, Signal für Signal einübt.

Dank seines strengen Regiments wurde unsere Bläsergruppe auch schon mehrmals bei Wettbewerben ausgezeichnet. Nicht zuletzt deshalb sehen die meisten Mitglieder wahrscheinlich auch großzügig über die Macken ihres „Leithammels“ hinweg.

Leider klappen die Übungsabende trotzdem nicht immer so, wie Jürgen es sich wünscht, und das lässt er dann auch jeden in der Bläsergruppe lautstark wissen. Trotz seines sonst sanften Gemütes pflegt er in diesen Fällen manchmal saftig und lautstark zu fluchen. Man weiß es, man akzeptiert es schmunzelnd, und vielleicht ist er gerade deshalb als Original bekannt und gleichermaßen beliebt. Jeder im Bläsercorps akzeptiert seine Launen, nur seine Frau Karin will ihn seit langem davon kurieren.

Als Jürgen eines Tages nach dem Jagdhornblasen zu später Stunde erschöpft nach Hause kommt, sich bei seiner Frau wieder einmal über die mangelnde Disziplin im Bläserchor beschwert und sein gesamtes Fluchvokabular herunterbetet, schaut Karin ihn vorwurfsvoll an und wiederholt dann, um ihm diese Eigenschaft endlich abzugewöhnen, Wort für Wort das, was er soeben gut vernehmlich vor sich hin gebrummelt hat.

Jürgen verstummt, hört seiner Frau zu, bis sie endlich fertig ist, und meint dann ganz sanft: „Du hast die Worte, meine Liebe, doch dir fehlt die Melodie."

## Charakterzüge

Dass jede Nationalität ihre besonderen Eigenschaften besitzt, ist wohl unbestreitbar. Viele Vergleichsmöglichkeiten bieten sich an, Gegenstand der Erörterung sind oft Errungenschaften, die Kunst, Dichtung, Wissenschaft oder Musik hervorgebracht haben, doch auch der „allgemeine Durchschnittsmensch" wird betrachtet.

So sagt man den Franzosen eine hervorragende Küche nach, den Engländern das Gegenteil. Die Italiener sind angeblich feurige Liebhaber, bei den Holländern werden diesbezüglich Zweifel gehegt. Die Deutschen sollen wahnsinnig penibel sein und nur selten mal ein Auge zudrücken, die Spanier hingegen fast immer beide Augen zudrücken und sehr großzügig sein.

Auch die Grüne Zunft kann ein Scherflein zu solchen Betrachtungen beitragen. Kürzlich machte auf unserem Stammtisch eine Geschichte die Runde, von der geschworen wird, dass sie keine Anekdote, sondern echt sei.

Die Redaktion einer überregionalen Jagdzeitschrift plante, eine Sondernummer über Rotwild herauszugeben und hatte Angehörige verschiedener Nationen um Beiträge gebeten.

Es sandten ein der Engländer: „Wie ich meinen ersten Hirsch in den Highlands erlegte", der Franzose: „Das Brunftverhalten des Rotwildes", der Österreicher: „Erinnerungen des Kaisers Franz Josef an eine Hirschjagd", und der Deutsche: „Das Rotwild in ethischer, kultureller und rassischer Hinsicht."

## War Dante in der Hölle?

Von den jagdlichen Originalen, die ich in meinem Jägerleben traf, hat mein schon lange in die ewigen Jagdgründe gewechselter Biologielehrer K. wohl den stärksten Eindruck auf mich hinterlassen.

Ich benötigte für die Versetzung zum Ausgleich meiner sonst mangelhaften schulischen Leistungen die Note „gut" im Fach Biologie, der alte K. reflektierte jedes Jahr aufs Neue auf die Freigabe eines Rehbockes oder eines Stück Kahlwildes in der elterlichen Jagd. Daher war unser Verhältnis symbiosenhaft eng.

„Der Alte", nur so wurde er von uns Schülern genannt, war ein blendender Erzähler. Er konnte, obwohl er sich mitunter ziemliche erzählerische Freiheiten herausnahm, eine Jagdgesellschaft stundenlang unterhalten und berichtete dann von Schüssen, die selbst einen Münchhausen hätten erblassen lassen. „Ob eine Geschichte stimmt oder nicht, ist nicht so wichtig", meinte er zu mir, „nur nett muss sie sein."

Schlagfertig antwortete er einmal, nachdem er eine Schilderung über spannende Jagderlebnisse in Afrika zum Besten gegeben hatte und gefragt wurde, ob er denn wirklich dort gewesen wäre: „Ja, glauben Sie denn, Dante war in der Hölle?"

Eine andere sehr schlagfertige Antwort gab er einem Jagdscheinaspiranten in der Jägerprüfung, als dieser auf die Frage nach der Funktion der Milz beim Rotwild beteuerte, er habe es vor der Prüfung noch genau gewusst, nun aber vergessen. „Schade“, meinte der alte K., „der einzige Mensch, der das wirklich wusste, hat es leider vergessen!“

Als bei uns in der Heide noch Treibjagden auf Niederwild durchgeführt wurden, der alte K. war dort fast regelmäßig Gast, erzählte er zu Beginn der Jagd verschmitzt lächelnd, dass er vorhabe, mindestens drei Hasen mit der Hand zu fangen. Aus dem Kreis der ungläubigen Mitjäger fand sich dann fast immer jemand, der das bezweifelte und eine Wette hierüber annahm.

„Der Alte“ wurde nun den ganzen Jagdtag über sehr aufmerksam und misstrauisch beobachtet, benahm sich aber so wie all die anderen Jäger auch, und wenn sich der Tag dem Ende zu neigte, freute sich manch einer bereits über eine gewonnen geglaubte Wette.

Nach dem Signal „Hahn in Ruh'“ rumpelte der mit Fichtengrün geschmückte Ackerwagen, an dem die erlegten Hasen, Kaninchen, Fasanen, mitunter auch ein paar Ringeltauben oder Stockenten aufgehängt waren, zum Streckenplatz.

Hier wurde er von den Jägern schon erwartet. Der alte K. krempelte seine Ärmel hoch und rief den Treibern auf dem Wagen zu: „Smiet sem man dahl to mi“ (Werft sie man runter zu mir). Dann zählte er laut und deutlich: „Een, tweei, dreei...“, und meinte anschließend, er habe nun wohl genug Hasen mit der Hand gefangen und die Wette gewonnen.

Mit seinem betagten Drilling schoss der alte K. auf den Niederwildjagden ausgezeichnet und traf fast immer. Die Waffe hatte aber bereits arge Gebrauchsspuren, da sie im Zweiten Weltkrieg aus Furcht, sie den Alliierten abliefern zu müssen, vergraben worden war. Einige Jagdfreunde behaupteten sogar, die unzähligen Rostnarben stammten bereits aus dem Ersten Weltkrieg.

Als er einmal auf den zerkratzten Schaft angesprochen wurde, entschuldigte der alte K. den Zustand seines Gewehres: „Es ist mir kürzlich vom Hochsitz gefallen", worauf prompt die nächste Frage kam: „Und wie oft?"

Außer seinem Drilling besaß der alte K. einen fast ebenso alten Deutsch-Drahthaar. Dieses „Wundertier" wurde im Gegensatz zu seinem Herrn auf den winterlichen Treibjagden nicht gern gesehen, da es nur Unruhe stiftete, mit anderen Hunden raufte und sich, außer durch Ungehorsam, nur durch weitere schlechte Angewohnheiten, aber weniger durch jagdliche Leistungen auszeichnete. Für seinen Herrn aber stand fest, dass es der klügste Hund der Lüneburger Heide war.

Nun hatte fast jeder Bauer aber einen seiner Sprösslinge in unserer kleinen Dorfschule, und deshalb war es angebracht, sich mit K. gut zu stellen – also wurde er auch jedes Jahr immer wieder zusammen mit seinem Hund zur Treibjagd eingeladen.

Wenn wir Knirpse es im Unterricht wieder einmal zu arg getrieben hatten und Strafen drohten, griffen wir zu einem probaten Mittel, um den alten Herrn zu besänftigen. Einer von uns fragte ihn dann nach der Herkunft der Tonscherbe, die neben allerlei anderem Anschauungsmaterial in einer Glasvitrine in unserem Klassenzimmer lagerte. Folgende Geschichte bekamen wir nun jedes Mal zu hören: Es war Herbst, zur Zeit der Hühnerjagd, und K. ging mit einer kleinen Jagdgesellschaft und ein paar Hunden über die zum Teil bereits abgeernteten Felder, um ein paar Hühner oder Fasanen zu schießen. „Schorse", so hieß der „fantastische und absolut hasenreine" Jagdhund des alten Lehrers, suchte wie immer blendend, stand sicher vor, und brachte freudig die geschossenen Vögel.

Wurde ein Fasan geflügelt, brachte Schorse ihn nicht, wie das andere Hunde zu tun pflegen, sondern fasste den Hahn behutsam an den Rückenfedern und ließ ihn dann, um sich selber zu schonen, bis zu seinem Herrn laufen, wo er ihn dann formvollendet übergab.

Auf eben dieser Jagd schien die Jagdpassion des „unfehlbaren" Hundes auf Flugwild aber plötzlich wie verflogen zu sein. Er begann wie ein Berserker in dem braunen Acker zu buddeln. Schließlich wurde er mit Gewalt abgetragen, aber alle Versuche, das passionierte Tier von der zwischenzeitlich schon entstandenen kleinen Höhle fernzuhalten, waren vergebens. Wie ein Wilder grub er immer tiefer, und selbst strenge Worte bewirkten nur, dass er noch eifriger wühlte. So wurde die Jagd schließlich ohne den treuen Waidgesellen fortgesetzt.

Erst nach langer Zeit folgte Schorse müde und von oben bis unten mit Erde verschmutzt der Jagdgesellschaft. Aber was hatte er denn da im Fang? Das war doch kein Huhn!

Als sich Schorse brav vor seinem Herrn zum „Aus“ präsentierte, nahm ihm dieser die besagte Tonscherbe aus dem Fang. Der sachkundige Blick unseres Heimatkundelehrers erkannte sofort, dass es sich bei der Scherbe zweifellos um ein Stück eines alten Krugs aus der Germanenzeit handelte. Warum aber hatte der Hund so fanatisch nach diesem Objekt gegraben?

Bei näherem Betrachten wurde der Grund offenbar: Auf der Scherbe war einwandfrei die Abbildung eines Hasen zu erkennen! – Welcher andere Hund hätte so etwas schon erschnüffeln können?!

Als Pennäler begleitete ich wenige Jahre später Herrn K. und seinen „unfehlbaren“ Hund auf der Entenjagd an unserem Heideflüsschen, der Örtze. Die einzige Ente, die an diesem Nachmittag beschossen wurde, fiel in die Mitte des Flusses. Schorse sprang, ohne einen Befehl abzuwarten, ins kalte Wasser und trug die Beute an das für ihn viel nähere andere Ufer. Dort verweilte er kurz und schwamm dann ohne Ente zu uns zurück.

Herr K. wusste sofort die Erklärung: „Der Hund weiß selbstverständlich ganz genau, dass wir auf der anderen Seite des Flusses wieder zurückkommen werden, wenn wir dieses Ufer abgesucht haben. Da fragt sich das intelligente Tier natürlich zu Recht, warum denn das arme Herrchen die Beute zweimal tragen soll!“ Ich gab mich mit dieser Erklärung zufrieden ...

In gesegnetem Alter verließ Schorse seinen Herrn in die ewigen Jagdgründe. Der alte K. schaffte sich einen neuen Hund an, der seinem Vorgänger in nichts nachstand.

Bevor es mich ins Ausland verschlug, traf ich meinen alten Lehrer mit Schorses Nachfolger auf einer Jagd. Begeistert schwärmte er von der Intelligenz des neuen Hundes, der den Namen „Tasso“ trug.

Wie die meisten Welpen war Tasso, kurz nachdem er sein neues Domizil bezogen hatte, noch nicht stubenrein. So blieb es nicht aus, dass heimlich immer wieder hier ein See entstand oder dort ein Häufchen lag. Auf frischer Tat ertappt wurde Tasso bei der ersten Gelegenheit mit der Nase in sein „Geschäft“ gestupst und danach mit einem leichten Klaps aus der Terrassentür geschubst.

Schon wenige Stunden nach Anwendung dieser grandiosen „Erziehungsmethode“ geschah Tasso vor den Augen seines Herrn abermals ein „Malheur“. Der junge Hund setzte sich auf den besten Teppich des Hauses, erledigte sein Geschäft, schnupperte intensiv daran und sprang aus der Terrassentür, denn der intelligente Tasso hatte seine Lektion gründlich gelernt.

Ich traf meinen Lehrer zum letzten Mal, als ich am Bahnsteig in Celle auf den Zug wartete. Freudig ging ich auf ihn zu und begrüßte ihn: „Wenn Sie auch nach Eversen wollen, können wir doch zusammen fahren“, meinte ich.

Worauf der Alte verschmitzt erwiderte: „Mein lieber Harling, wenn ich Sie sehe, fahre ich immer zusammen!“

# Jäger, Angler und andere Lügner

Stammtische können sehr amüsant, aber auch sehr informativ sein. Besonders für angehende Jäger sind sie daneben oft auch recht lehrreich.

Als kleiner Junge durfte ich manchmal Wildmeister Mackerodt, der auf dem elterlichen Gut angestellt war, nach dem Rechten schaute und meine beiden Brüder und mich das Jagen, Angeln und Reiten lehrte, ins benachbarte Dorf Eversen zum „Gasthaus zur Post“ begleiten. Ich lauschte immer gespannt, was sich die Alten dort an ihrem Stammtisch alles zu erzählen hatten.

Die Unterhaltungen bargen eine Fülle an Wissenswertem, an Erfahrungen und Jagdabenteuern, die einen Jungen in ihren Bann ziehen und schier verzaubern konnten. Das schwere, aus Messing getriebene Schild über einem überdimensionalen Aschenbecher auf besagtem Tisch trug die sinnige Inschrift: „Stammtisch für Jäger, Angler und andere Lügner.“

Damals verstand ich diesen Spruch noch nicht, konnte mir keinen Reim darauf machen und grübelte lange und vergeblich darüber nach, was wohl „Lügner“ in der Gesellschaft von Jägern und Anglern zu suchen hatten. Damals wusste ich noch nicht, dass „Latein“ beide Gruppen aufs Trefflichste miteinander verbindet.

Das Dorfgasthaus existiert heute noch, und auch das Schild ist geblieben, doch einige der Jäger von damals leben lange nicht mehr, und ich bin leider nur noch selten zu Hause. Wenn sich aber die Gelegenheit ergibt, schaue ich schon mal rein ins „Gasthaus zur Post“, setze mich an den Stammtisch, an dem ich damals so wunderliche Dinge erfahren konnte und trinke in Erinnerung an früher ein paar Biere. Mit etwas Glück treffe ich auch ein paar mir von damals vertraute Gestalten.

Anfang August fahre ich wieder einmal für ein Wochenende zur Jagd nach Hause. Mein Bruder erzählt mir von einem sagenhaften Keiler, der am vergangenen Donnerstag in der Nachbarjagd zur Strecke gekommen ist. Ein hauendes Schwein, wie es in der weiteren Umgebung seit vielen Jahren nicht gesehen, geschweige denn geschossen wurde. Wahrscheinlich ist es „Emil“, ein sagenumwobener Keiler, den die meisten Jäger des Hegerings vom Hörensagen kennen, dem aber kaum einer jemals begegnet ist.

Ich bin bisher immer der Meinung gewesen, Emil existiere lediglich in der Fantasie vieler Revierinhaber, denn die Sau hatte bei den Erzählungen am Stammtisch solche Ausmaße angenommen, dass man eher an einen ausgewachsenen Esel glauben musste, der da angeblich durch die Reviere spukte.

Jagdneid ist eine der wenigen schlechten Eigenschaften, die ich Gott sei Dank nicht besitze. Es ist eher die Neugierde – eine Grundvoraussetzung, die jeder Jäger erfüllen muss, um erfolgreich zu sein –, die mich am Sonntagmorgen nach dem Frühansitz ins Dorf und dort schnurstracks in das Gasthaus treibt, in der Hoffnung, Näheres über das Ende von Emil zu erfahren.

Am Stammtisch geht es bereits hoch her. Sechs Jäger, alle mir wohlbekannte Gestalten, sitzen mit hochroten Köpfen schweigend auf ihren Stühlen. Der Siebte und Jüngste in der Runde, ich kenne ihn nicht, unterhält den Rest der Gesellschaft.

Fröhlich und neugierig setze ich mich dazu, und der Unbekannte bestellt, ohne dass ich etwas dagegen einzuwenden habe, eine weitere Runde. „Damit ihr auf mein wieder hergestelltes Wohl trinken könnt!“, ruft er uns fröhlich und in Geberlaune zu.

Nach einem tiefen Zug aus dem sich schnell leerenden Bierglas setzt er den Humpen ab, nimmt wohlgefällig wieder seine „hervorgehobene“ Stellung ein und wendet sich mir, dem Neuankömmling zu. Nun höre ich die spannende und abenteuerliche Geschichte von der Erlegung des starken Keilers, die die anderen Anwesenden bereits mehrmals an diesem Vormittag vernommen haben. Mit überzeugender und hinreißender Gestik berichtet der junge Mann von diffusem Mondlicht, einem schlechten Schuss, einer annehmenden Sau und – seine Worte steigern sich zur Euphorie – einem in höchster Lebensgefahr aus nur zwei Metern Entfernung abgegebenen Fangschuss. Welch ein Erlebnis!

Es folgt eine kurze Verschnaufpause, in der den Erzähler bewundernde Blick streifen. Da betritt ein weiterer Jäger den Schankraum, und das Ritual wiederholt sich: Auch er bekommt sein Bier, genau wie ich es bekam. Und dann höre ich erneut den „Helden“: „Diffuses Mondlicht ... schlechter Schuss ... annehmende Sau ... Lebensgefahr ... Fangschuss auf zwei Meter Entfernung...“ Alle schauen wieder zu ihm auf und lauschen gespannt den Schilderungen des Schützen.

Ich kann die Aufregung und natürlich auch den Stolz des jungen Mannes vollkommen nachvollziehen, habe ich doch in meinem Leben ebenfalls so manche hautnahe Begegnung mit Schwarzwild gehabt. Zwar konnte ich mit meinen Hunden schon viele Sauen mit der kalten Waffe abfangen, aber das waren „nur“ Frischlinge sowie schwache Überläufer gewesen, keine Schweine mit über 130 Kilogramm Gewicht, und außerdem hatte ich immer meine vierläufigen Jagdhelfer um mich herum.

Der junge Mann, der mir anfangs nicht übermäßig sympathisch gewesen ist, steigt in meiner Achtung. „Ein Wunder, dass er ohne Blessuren davongekommen ist“, denke ich, denn einen Keiler mit 21 Zentimetern Waffenlänge habe ich hier in der Heide noch nie gesehen, geschweige denn, dass ich von einem solchen Urian angenommen worden wäre oder ihn auf zwei Meter geschossen hätte.

Neugierig bin ich natürlich auch auf die Waffen. „Die werden wir erst am kommenden Sonntag bewundern können, da sie noch auf dem Herd in der Küche kochen, um dann präpariert zu werden“, erklärt uns der junge Schütze.

Am Stammtisch werden nun noch andere Schwarzwildbegegnungen, spannende Geschichten und kritische Situationen mit Sauen erzählt, das Erlebnis mit Emil aber bleibt die aufregendste Schilderung an diesem Vormittag.

Erschreckt schaut dann mein Freund Wilfried auf die Uhr. Die Zeit ist wieder wie im Fluge – oder wie auf der Jagd – vergangen. Das Mittagessen lockt. Langsam beginnt sich die fröhliche Gesellschaft aufzulösen. Mit bewundernden, ja geradezu ehrfurchtsvollen Blicken haben sich bereits zwei der älteren Jäger vom Helden des Tages verabschiedet und auch mich zieht es allmählich nach Hause.

Gerade will ich meine Zeche bezahlen, da stürzt aufgeregt eine junge Frau in den Gastraum. Wie sich sogleich herausstellt, ist es die kleine Ehefrau des großen Jägers. Unruhig sieht sie sich im Raum um. Da entdeckt sie ihren Mann am Stammtisch und stürmt auf ihn zu. „O weh!", denke ich, „gibt es bei dem jungen Paar zu Hause etwa Probleme?" An den Tischen wird es ruhiger. Mindestens 15 Augenpaare verfolgen neugierig die junge Frau, und ebenso viele Ohrenpaare lauschen nun in das verstummende Gemurmel.

Die junge Frau flüstert ihrem stolzen Jäger etwas ins Ohr, und das leider so laut, dass es fast alle Anwesenden verstehen müssen: „Georg, du musst sofort nach Hause kommen. Der Mann von der Versicherung wartet. Er will das Protokoll von deinem Unfall am Donnerstag aufnehmen, als du mit deinem Geländeauto das große Schwein überfahren hast."

## Kurzsichtige Deutsche

Ich liebe Schottland. Ich liebe die Menschen dort – wortkarg sind sie, haben aber, wenn man sie versteht, einen hintersinnigen Humor. Vor allem aber liebe ich die Jäger der Highlands.

Wieder einmal war ich mit zwei deutschen jungen Jagdgästen dort. Auf dem Weg vom Flughafen ins Revier hielten wir mit unserem Leihwagen auf einem Bergkamm, von dem sich eine prachtvolle Aussicht eröffnete.

In der Nähe bemerkte einer meiner Begleiter eine Schafherde mit einem alten Hirten, der ruhig zu uns herüber sah. Ich erkannte in ihm John, einen ehemaligen Gamekeeper, mit dem ich bereits viel gejagt hatte, und begrüßte ihn freudig.

John ist ein sympathischer humorvoller Mann und in seiner Umgebung viel geachteter Jäger, der leider von Geburt her einen starken Augenfehler hat: Er schielt.

Sarkastisch flüsterte mir in einer Kneipe einmal einer seiner Freunde zu: „John hat den idealen Pirschführerblick, mit einem Auge schaut er auf den Boden nach Fährten und Spuren, mit dem anderen sucht er die Umgebung nach Wild ab." Natürlich ist das übertrieben, genauso wie: „Wenn John weint, laufen ihm seine Tränen den Rücken runter."

Einer meiner beiden Gäste bemerkte Johns unübersehbaren „Silberblick" und wollte sich mit dem Alten einen Spaß erlauben. Vorwitzig sprach er ihn an: „Ihr könnt von hier aus ´ne ganze Masse sehen."

„Das stimmt", erwiderte der Jagdhüter gelassen, „wir sehen weit hinaus."

„Ich glaube gar, Ihr könnt von hier aus Deutschland sehen", behauptete der Deutsche und begann leise zu kichern.

„Wir können weiter als bis nach Deutschland sehen", entgegnete der Alte.

„Na so was! Wie weit könnt ihr denn sehen?", fragte mein Gast neugierig amüsiert.

„Wir können den Mond sehen", sagte John lächelnd und zündete sich die Pfeife an.

## Eine Intelligenzaufgabe

In der Grundschule meines Heimatdorfes Eversen in der Lüneburger Heide, in der ich schon vier Jahre verbrachte und die nun von meinen Neffen besucht wird, erzählt der Pastor der Gemeinde im

Religionsunterricht von Jakobs Traum und wendet sich dann an die Kinder: „Hat irgend jemand eine Frage zu dieser Geschichte?“

Da steht ein Junge auf und sagt: „Herr Pastor, die Engel haben doch Flügel mit Federn, na und wenn sie Flügel haben, wozu war dann die Leiter von der Erde zum Himmel aufgestellt, dass sie da raufklettern mussten, sie konnten doch fliegen?“

Der Pastor gerät völlig aus der Fassung und ringt nach Worten, ihm fällt aber keine Antwort ein. Um die Klasse das aber nicht merken zu lassen, erwidert er darum: „Sehr gut, mein Junge, das ist eine sehr gute Frage. Nun Kinder, ich will euch nachdenken lassen.“ Alle denken also angestrengt nach und endlich hebt mein elfjähriger Neffe Hans-Jürgen seine kleine Hand.

„Nun, Hans-Jürgen“, fragte der Pastor, „warum brauchten sie die Leiter?“

„Herr Pastor, Engel haben wohl Flügel mit Federn, aber um diese Zeit mauserten sie gerade!“

## Die Weisheit des Alters

Ich fühle mich noch lange nicht zum alten Eisen gehörig, muss aber doch mitunter etwas wehmütig feststellen, dass ich in den Augen meiner Jagdfreunde nicht mehr zu den Jungen zähle.

Wenn es auf einer Gesellschaftsjagd um die Verteilung der Stände geht, bekomme ich manchmal schon zu hören: „Harling, nehmen Sie man diesen Stand, der nächste ist doch ziemlich beschwerlich zu erreichen, da setzen wir einen jüngeren Jäger hin.“

Es fällt mir zwar schwer, mich damit abzufinden, nicht mehr zur leistungsfähigen Jugend gezählt zu werden, vor zwei Jahren aber wurde mir deutlich, dass das Alter tatsächlich nicht ganz spurlos an mir vorüber gegangen ist.

Es war bei einer Jagd auf der noch hasenreichen Halbinsel Eiderstedt. Ein junger Jäger, wahrscheinlich hatte er erst seinen ersten Jagdschein gelöst, stellte sich mir vor. Als ich seinen Namen hörte, fragte ich, ob er von dem gleichnamigen Rittergut stamme.

Der „Ferngucker“

„Mein Ideal-Jagdhaus"

„Ja, das ist mein zu Hause“, war die Antwort des aufgeweckten Burschen.

„Oh, dann grüßen Sie doch bitte Jörg, mit ihm habe ich schon viel gemeinsam gejagt, und er ist gewiss Ihr Vater“, erwiderte ich erfreut.

Die Antwort war für mich niederschmetternd: „Herr von Harling, Jörg ist mein Großvater!“

In diesem Zusammenhang muss ich immer wieder an Herrn von Maltzahn denken, einen bis ins hohe, ja fast biblische Alter sehr passionierten Jäger, der aus seinem Alter geschickt eine Tugend machte.

Man sagt zwar, es gäbe auf Drück- oder Treibjagden keine schlechten oder guten Stände, sondern lediglich schlechten oder guten Anlauf, aber Maltzahn teilte diese Ansicht offenbar nicht. Welche Kreuzschmerzen dieser erfahrene Jäger wie aus heiterem Himmel plötzlich haben konnte!

Er bestand so penetrant auf Mitleid, Schonung oder Rücksicht auf sein Alter sowie seinen maroden Gesundheitszustand, wenn er in der Nähe eines ihm zusagenden Standes war, dass der Jagdherr oder anstellende Beamte kaum umhin konnte, schnell die ursprüngliche Planung über den Haufen zu werfen, Maltzahn diesen Stand zuzuweisen und dafür einen anderen, jüngeren Jäger zu dem entfernteren, aber wohl nicht ganz so Erfolg versprechenden Posten zu schicken.

War ein Stand, den der alte Herr von früheren Jagden kannte und als sehr erfolgsträchtig schätzte, erst nach längerem Marsch zu erreichen, pochte er vehement und stur darauf, noch ein Stückchen zu laufen, und bezeichnete es als grobe Unverschämtheit, ihn zum alten Eisen zu zählen. Sämtliche körperlichen Gebrechen waren jetzt vergessen. Um es den „jungen Leuten“ mal so richtig zu zeigen, eilte er dann kurzerhand voran und nahm wie selbstverständlich „seinen“ Stand ein, auch wenn der in noch so weiter Ferne lag.

Die glänzenden schauspielerischen Leistungen des alten Herrn überzeugten oder amüsierten die abstellenden Jäger jedes Jahr wieder aufs Neue.

# Schwein gehabt

November, die Zeit der Gesellschaftsjagden. Und seit drei Tagen liegt die verheißungsvolle Einladung zur Jagd in den Saupark Springe auf meinem Schreibtisch. Der befreundete Forstamtsleiter hat mich auch in diesem Jahr bedacht, und erfüllt von Vorfreude sage ich mit Vergnügen zu.

Als ich am nächsten Tag aus dem Büro nach Hause komme, finde ich zwischen der Post eine weitere Jagdeinladung. Es ist der ebenfalls befreundete Leiter des Klosterforstamtes Wennigsen im Deister, nicht weit von Springe entfernt, und er will am selben Tage jagen.

Gewissensbisse quälen mich, als ich den Inhalt der beiden Schreiben miteinander vergleiche: Auf der bereits zugesagten Jagd sind Frischlinge und Überläufer frei. Die Klosterkammer zeigt sich generöser und vertraut der Erfahrung bzw. Disziplin ihrer Gäste mehr: Rotwild einschließlich schwacher Hirsche, Schwarzwild ohne Gewichtsbegrenzung, Rehwild und Raubwild darf man an diesem Tag erlegen, und dass von allem reichlich vorhanden ist, weiß ich von Jagden in den vergangenen Jahren.

Nach genauem Abwägen der Situation sage ich mit schlechtem Gewissen in einem höflichen Entschuldigungsschreiben, in dem ich die Gründe meines Sinneswandels allerdings nicht näher darlege, im Saupark Springe wieder ab und stecke gleichzeitig freudig und hoffnungsvoll die Zusage an das Klosterforstamt in den Briefkasten.

Endlich ist es soweit – um 8.30 Uhr soll das Stelldichein im Deister sein. Der morgendliche Treffpunkt ist auf einer der Einladung beigefügten Skizze markiert.

Die Wettervorhersage hat Straßenglätte prophezeit, sicherheitshalber plane ich zwei Stunden Autofahrt von Lüneburg zum Deister ein, zumal ich den Forstamtsleiter seit langem kenne: Er ist ein Urmensch, aber auch ein Uhrmensch.

Als ich mich der niedersächsischen Landeshauptstadt nähere, wird es bereits hell. Ein Blick in den Autoatlas und ein erschreckter

Griff nach der Einladung – oh weh, beides ruht zu Hause auf dem Küchentisch. So ein Pech! Die grobe Richtung sollte mir aber noch von den letzten Jahren her bekannt sein. Sollte ...

Mit einem verzweifeltem Fahrer rollt der Wagen schließlich auf einsamen Schotterstraßen planlos durch das riesige Waldgebiet, zu allem Überfluss ist auch noch dichter Nebel aufgekommen. Die Zeiger der Uhr drehen sich unbestechlich weiter, und mich beschleicht bald das Gefühl, den gesamten Deister an diesem Morgen bereits abgefahren zu haben.

Da kommt mir auf einem breiten, zerfahrenen Waldweg ein Auto entgegen! Am Steuer sitzt ein Grünrock, beim Näherkommen erkenne ich in ihm den Präsidenten der Niedersächsischen Jägerschaft. Freudiges Winken, zufrieden wende ich meinen Wagen und lehne mich zurück, um erleichtert meinem Bärenführer zu folgen. Von rechts naht auf einem anderen Waldweg ein weiteres Fahrzeug, ebenfalls mit einem Jäger am Steuer, und schließt sich uns an, wenige Minuten später parken wir unsere Autos am lodernden Feuer, wo zahlreiche Bekannte bereits warten. Es ist genau 8.30 Uhr, und erleichtert verlasse ich den Wagen.

Es folgen freudige Begrüßung, ein kleiner Schluck, eine angebotene Zigarre und dann ein erneuter Blick auf die Uhr. „8.40 Uhr, früher begannen die Jagden noch pünktlich, aber das waren wohl die guten alten Zeiten, die nun vorbei sind. Wenn sonst bei der Jagd schon nichts auf der Strecke bleibt, dann wenigstens Disziplin und Ordnung“, frotzele ich.

„Immer langsam mit den jungen Pferden, zwanzig Minuten haben wir noch“, erwidert ein alter Freund neben mir.

Ich mucke auf, werde aber von mehreren Seiten belehrt, dass der offizielle Jagdbeginn auf 9.00 Uhr festgelegt ist. Soll ich den alten Herren widersprechen?

Kurz vor neun kommt der Forstmeister vom Saupark auf mich zu: Ein fragender, sehr nachdenklicher Blick, dann nimmt er seine dicke Zigarre aus dem Mund, begrüßt mich kopfschüttelnd, geht weiter und gibt einigen umstehenden Beamten den Befehl, sich zum Blasen zu formieren.

Unsicher wandern meine Augen suchend von einem Jäger zum anderen. Den Vorsteher des Klosterforstamtes kann ich nicht entdecken, und jetzt wird mir schlagartig klar: Ich bin auf der falschen Jagd, auf der nämlich, die ich abgesagt hatte! Fast eine halbe Stunde habe ich mich so angeregt mit alten Freunden und Bekannten unterhalten, dass ich es erst jetzt merke!

Mit gerötetem Kopf stammele ich verlegen ein paar entschuldigende Erklärungen, und nach kurzer Wegbeschreibung rast mein grüner Volkswagen durch den einsamen Deister zum nächsten, zehn Kilometer entfernten Sammelplatz.

Den finde ich allerdings verwaist. Lediglich ein pensionierter Waldarbeiter hütet das Feuer bis zum mittäglichen Stelldichein der Jäger, die pünktlich um 8.30 Uhr aufgebrochen sind. Nachdem ich kurze Zeit mit dem Alten geplaudert habe, kommt ein Auto herangerumpelt und bringt Suppe, Brötchen, Glühwein und dazu viel Unruhe, die nicht gerade dazu beiträgt, meine schlechte Laune zu verbessern.

„Setzen Sie sich doch an das Gatter hinter die Autos, dort saß in den letzten Jahren schon öfter jemand, der zu spät kam", ermuntert mich der Holzhauer, und missmutig schlendere ich zu der besagten Stelle. Was bleibt mir auch sonst übrig?

Zweihundert Meter vom Sammelplatz entfernt setze ich mich auf einen dicken Baumstumpf. Von meinem Auto trennen mich höchsten hundert Gänge und von dem Kulturzaun fünfzig.

Um mich herum fallen Schüsse. Nach der Anzahl zu urteilen, müsste mittags eine Rekordstrecke am Feuer liegen, denke ich grimmig. Ich aber sitze hier, einsam und allein gelassen, durch eigenes, törichtes Verschulden vom Jagdvergnügen ausgeschlossen.

Zehn Minuten mag ich mit mir und meinem Schicksal gehadert haben, ganz in der Nähe hat es mehrmals geknallt, als meine Blicke abwesend und gelangweilt wieder einmal am Drahtzaun entlang wandern. Und dort steht plötzlich eine einzelne Sau, ein Keiler ist es, schier aus dem Nichts aufgetaucht. Auch ohne Glas erkenne ich die Gewehre, die aus seinem Gebrech ragen: „Marlboro-Sau" schießt es mir durch den Sinn – so bezeichnet mein Freund Paul

Keiler, deren Gewehre lang und weiß wie Zigaretten aus dem Wurf hervorleuchten. Ein Keiler so stark, wie ich ihn in Deutschland noch nie gesehen habe!

Gemächlich zieht der Basse am Gatter entlang auf mich zu. Als ich meine Büchse an der Backe habe und der Schuss bricht, ist er nur noch dreißig Meter entfernt.

„Ende gut, alles gut", heißt es so schön in einem Sprichwort. Oder war es „Glück im Unglück" oder einfach nur „Saudusel"? Was auch immer – unter diesen Vorzeichen und auf so einfache Weise werde ich wohl nicht noch einmal in meinem Leben eine derart starke Sau erlegen.

## Nackte Auferstehung

Ein mit mir befreundeter Revierförster aus Hessen wohnt mit Frau, Kindern und einem gut abgerichteten Deutsch-Drahthaar-Rüden in seinem Dienstgebäude in wunderschöner Randlage eines Dorfes. Das Nachbargrundstück wird von einem etwas schrulligen älteren Landwirt bewohnt, der Hühner hält und Kaninchen züchtet und im Garten in nicht sehr stabilen, selbst gezimmerten Käfigen hält.

Da des Försters Hund in der Nachbarschaft dieser Tiere groß geworden ist, kümmert er sich weder um die Hauskaninchen noch um das Federvieh, obwohl er im Wald jagdlich sehr passioniert ist und vor einigen Jahren die VGP (Meisterprüfung) mit einem ersten Preis bestanden hat.

So ist es um so erstaunlicher, dass „Harro“ eines Abends, als er noch einmal kurz vor dem Schlafengehen nach draußen gelassen wird, mit einem toten Kaninchen im Fang vor der Haustür erscheint. Es ist kein gewöhnliches Karnickel, sondern ein großes, schweres, ehemals schneeweißes Angorakaninchen. Ganz offensichtlich hat er es vom Nachbarn „gestohlen“. Das kann peinlich werden!

Um es mit dem Anrainer nicht zu verderben, nimmt der Förster das tote Tier, reinigt es sorgfältig mit allerlei Wollwaschmitteln, föhnt es sodann trocken, bringt es im Schutz der Dunkelheit zum nachbarlichen Grundstück und legt es dort in einen der Käfige. Wenige Tage später ist die Angelegenheit fast wieder vergessen.

Erst nach einer Woche trifft er wieder mal mit seinem Nachbarn am Gartenzaun zusammen, der ihm von einem Wunder berichtet: Vor drei Wochen habe er einen Kaninchenbock, der im Käfig eingegangen war, auf seinem Grundstück vergraben. Am nächsten Tag habe das Tier dann wieder völlig sauber, aber tot in seinem Stall gelegen.

## Ein Hund am Steuer?

Einer meiner Jagdfreunde fuhr vor einigen Jahren auf der Bundesstraße 3 zu einer Drückjagd, als er von einem Auto überholt wurde, an dessen Steuer ein Jagdhund saß.

Vor lauter Schreck entglitt ihm das Lenkrad und sein Wagen rollte in den Straßengraben. Er selbst blieb gottlob unverletzt, und auch der Wagen wurde nicht schwer beschädigt, konnte aber nicht mehr aus eigener Kraft auf die Straße gefahren werden.

Also schulterte der Freund sein Gewehr und wanderte am Rande der Straße zum nächsten Dorf, wo er in einer Gastwirtschaft einkehrte, ein Bier und einen Schnaps bestellte und sodann seinen Sohn telefonisch darum bat, ihn abzuholen und bei der Bergung des Autos zu helfen. Sodann bestellte er ein zweites Bier und einen weiteren Schnaps und erzähle dem verdutzten Wirt von seinem Unglück.

Kurz darauf betraten zwei Polizisten den Gastraum und berichteten von einem Auto im Straßengraben, das sie führerlos gefunden hätten. „Das ist mein Auto“, sprang mein Jagdfreund erregt auf. Misstrauisch erkundigten sich die Polizisten, wie denn das Malheur passiert sei. Worauf mein Freund die Geschichte mit dem Jagdhund am Steuer erzählte, so wahrheitsgemäß, wie er sie erlebt hatte. Bei den beiden Herren in Uniform stieß er damit allerdings auf Unverständnis.

Die Beamten lächelten zwar nachsichtig, baten ihn aber, in das bekannte Röhrchen zu pusten, und schon war für die Hüter des Gesetzes der Fall klar: Fahren unter Alkoholeinfluss und dazu noch dumme Geschichten erzählen! Der Führerschein wurde einbehalten.

Einige Tage später musste mein Freund auf dem Revier seine Aussage wiederholen. Er blieb dabei, von einem Auto mit einem Jagdhund am Steuer überholt worden zu sein. Dann erzählt er die ganze Geschichte aufs Neue. Er versicherte, dass es ganz ohne Zweifel ein Setter gewesen war, der da am Steuer gesessen hatte, und da er einen seriösen Eindruck machte und bisher unbescholten war, versuchte einer der Polizisten, in der Sache zu recherchieren, was meinem Freund vorläufig allerdings nicht zu seinem Führerschein verhalf.

Zum Glück war dieser Polizist auch Jäger, und da Setter bei uns in der Gegend recht selten sind, fand er bald heraus, dass der einzige Hund dieser Rasse, der ihm in weiterer Umgebung bekannt war, einem Angehörigen der britischen Armee in der Kaserne in Celle gehörte. Dieser Mann, ebenfalls Jäger, machte dann eine für meinen Freund gewichtige Aussage: „Ja, er fahre fast regelmäßig mit seinem Hund auf der B 3 zur Jagd, und fast immer nehme der Hund auf dem Beifahrersitz Platz. Auf die Frage nach seinem Fahrzeugtyp antwortet der englische Soldat: „Na, ein englisches Fabrikat mit Rechtssteuerung!“

# Die potemkinsche Jagdeinladung

Ab Anfang Oktober bis Ende Januar gehörten schon früher alle meine freien Arbeitstage den Drück- und Treibjagden. Die guten Niederwildbesätze ließen es damals noch zu, aus dem Vollen zu schöpfen.

In dieser Zeit gab es daher wohl kaum ein Wochenende, für das nicht eine Jagdeinladung vorlag, und mein Familienleben wurde mitunter arg strapaziert. Viel Diplomatie war gefordert, um den manchmal gefährdeten Ehefrieden zu erhalten oder wieder herzustellen.

Wie konnte man die Stimmung aufhellen? Nach einer traditionellen Herbstjagd in einem hessischen Revier im Vogelsberg entwickelte mein Freund Paul bei Skat und Bier eine fast geniale Idee.

Er wusste, dass wir „sturmerprobten", jagdpassionierten Ehemänner, genau wie er selber auch, zu Hause so manchen „Kampf" zu bestehen hatten, wenn wir Kinder Kinder sein ließen und stattdessen mit dem Hund am Riemen und dem Gewehr auf der Schulter das Haus verließen.

Paul lud mich für das übernächste Wochenende zu einer „Supertreibjagd" in sein zwar wunderschönes, aber leider sehr unruhiges, weil stadtnahes Revier ein. Meine berechtigten Einwände, dass in seinem Waldrevier doch kaum Wild zu erwarten, der Termin recht kurzfristig gewählt sei und ich außerdem schon etwas anderes vorhätte, ließ er nicht gelten. „Nur ein diplomatischer Schachzug", zwinkerte er mir zu. Er war sich wohl doch bewusst, dass man in seinem Revier, erst recht an einem Wochenende, keine „vernünftige" Gesellschaftsjagd veranstalten konnte.

Zwei Tage nach unserer Unterhaltung im Gasthaus brachte der Postbote eine auf edlem Papier gedruckte Einladung zu einer sehr Erfolg versprechenden Jagd mit der berechtigten Hoffnung auf eine gute Fasanenstrecke. Diese Vögel kannte man damals in jener Ecke des Vogelsberges noch gar nicht.

Allerdings lag bei mir zu Hause auch schon seit langer Zeit die Einladung zu einem großen Familienfest, das meine leidgeprüfte

Frau nach Absprache mit mir bereits lange und freudig für uns beide zugesagt hatte und dem sie voller Spannung entgegenfieberte. Beim Durchlesen der so eindrucksvoll aufgemachten Jagdeinladung sah sie jedoch auch diesmal wieder „ihre Felle" davonschwimmen, wähnte sich in Gedanken bereits, wie schon so oft in der Vergangenheit, allein auf dem Fest und den neugierigen Fragen der Tanten und Onkel nach meinem Verbleib ausgesetzt.

Was tut ein passionierter Waidmann und treu sorgender Familienvater in solch einer Situation? Selbst auf die Gefahr hin, nie wieder von meinem lieben Jagdfreund Paul in sein wunderschönes Revier eingeladen zu werden, verzichtete ich meiner geliebten Frau zuliebe unter großen Gewissensbissen und -qualen auf die Einladung und ging statt zur Fasanenjagd zähneknirschend mit ihr zu dem Familienfest. – Im Hause herrschte wieder Harmonie.

Nach außen hin gab ich mich generös, innerlich feixte ich. Die große Gesellschaftsjagd im Revier von Freund Paul würde nämlich nie stattfinden und existierte lediglich auf dem Papier der aufwändig gestalteten Einladung. Alles, was Paul im Jahr frei hatte, waren zwei Rehböcke und drei Ricken. Schoss er zur Weihnachtszeit in seiner Jagd noch einen oder zwei Hasen, war das bereits ein ganz besonderer Höhepunkt.

Dieses Spiel spielten Paul und ich zukünftig nun jedes Jahr: Nach vorheriger Terminabstimmung zwischen uns erhielt ich alljährlich zu einem Wochenende, an dem ein Fest, ein Ausflug oder dergleichen mit meiner Familie bevorstand, eine pompös aufgemachte Jagdeinladung, und jedesmal sagte ich dann, zu Hause von großen Opfern für meine Lieben kündend, diese Jagd ab.

Lange Zeit war ich Paul dankbar, mich in die hohe Schule der Diplomatie eingeweiht zu haben und lernte daraus. Stand wirklich einmal ein Wochenende ohne Jagd bevor, blieb ich innerlich schmunzelnd zu Hause, denn der Briefbote hatte ja die exakt terminierte und bestellte Einladung Pauls gebracht, die von mir dann schweren Herzens mit Rücksicht auf die Familie abgesagt worden war.

Aber auch mein Freund war nicht ganz uneigennützig und erwartete den gleichen Freundesdienst von mir. Obwohl ich nie ein eigenes Revier besaß, erhielt er viele Jahre lang auch von mir nach Terminabsprache „potemkinsche" Einladungen zu viel versprechenden Jagden. – Kleine Ausflüchte erhalten oft ein harmonisches Eheleben.

Als die Sache irgendwann aufflog, bezeichneten meine Kinder und meine Frau sie als verlogen, doch immerhin hatten Paul und ich so einige Jahre lang den häuslichen Frieden gerettet.

## Brunftzeit ist nicht Party-time

Über Einladungen freue ich mich im Allgemeinen sehr. Besonders im Herbst oder im Winter, wenn die entsprechenden Karten mit bunten Bildern einer Jagdszene geschmückt sind und in der Erinnerung an vorangegangene Jahre ein ungezwungenes Frühstück aus der Jagdtasche am lodernden Feuer oder ein fröhliches, zünftiges Schüsseltreiben im Gasthaus mit deftiger Erbsensuppe und Getränken sowie Gesprächen unter alten Jagdfreunden auftaucht.

Skeptisch dagegen betrachte ich aber die kürzlich auf gestanztem Büttenpapier erhaltene Aufforderung zu einem gesetzten Essen mit anschließendem Tanz, wenn das Ereignis zu einem Zeitpunkt stattfindet, der kaum ungünstiger hätte gewählt werden können – während der bevorstehenden Hirschbrunft nämlich. Meine Frau hat, wie ich mit Bestürzung vernehme, bereits voreilig zugesagt.

Es besteht kein Zweifel: Die Einladung hat ein Nichtjäger ausgesprochen. Zu allem Überfluss fällt sie auch noch auf das Wochenende, an dem ich mich mit meinem Bruder verabredet habe. Der mir freigegebene Hirsch, dessen bin ich mir ganz gewiss, wäre mir so gut wie sicher gewesen. Nur ein schwacher Trost: Auch mein Bruder ist zu dem gesellschaftlichen Ereignis eingeladen.

Leider ist an dem Termin für das Essen nichts zu ändern, ohne den Gastgeber dauerhaft zu vergrämen und den Ehefrieden ernstlich zu gefährden. Die Büchse wird also an diesem Abend und am kommenden Morgen im Schrank und der Hund zu Hause bleiben müssen. Fröhlich und voller Erwartung meine Frau, ich eher missmutig, brechen wir auf.

Das „Sammeln“ findet in der mit Gemälden geschmückten Halle im Hause des „Platzhirsches“ statt, und ich muss beim Anblick der Gäste an den Ausspruch von Oscar Wilde denken: „Das Einzige, was sie mit der Natur verbindet, ist die Blume im Knopfloch.“ Während der humorvollen Begrüßungsrede sind meine Gedanken bei den Hirschen, und meine Blicke durchstreifen den großen Raum. Kein Geweih und kein Gehörn schmückt die Wände, für einen passionierten Jäger ein ungewohnter Anblick.

Anschließend begibt man sich zu einer mit viel Liebe hergerichteten Tafel. Zu einer anderen Jahreszeit, im Februar oder März, hätte meine junge Tischdame an mir gewiss einen interessanteren und gesprächigeren Tischherrn gehabt als jetzt, Mitte September. So sehr ich mich auch anstrenge: Meine Gedanken schweifen immer wieder ab ins Revier.

Die Feistzeit ist vorüber, und die Brunft steht vor der Tür – nicht im übertragenen Sinn zu verstehen –, welcher passionierte Jäger kann sich da auf hochgeistige Konversation konzentrieren?

„Bestimmt steht das Rotwild längst am Dickungsrand und wartet ungeduldig darauf, endlich austreten zu können“, sinniere ich, und dieser Gedanke lässt mich während des ganzen Abends nicht los. Wunschtraum und „Pflichterfüllung“ liegen in ständigem Kampf miteinander, sodass ich in manchen kurzen Augenblicken nicht mehr richtig wahrnehme, auf welcher „Party“ ich mich befinde. Die Passion eines Jägers lässt sich eben nicht einfach so verdrängen.

Weder genieße ich den gespickten Damwildrücken mit Pfifferlingen, noch finde ich an der allgemein gelobten „Welfenspeise" besonderen Gefallen, obwohl alles köstlich schmeckt. Nach dem Essen sitze ich, immer noch ohne sonderliches Wohlgefühl, inmitten eines gut duftenden „Kahlwildrudels" am Kamin, derweil ein dienstbarer Geist immer wieder die Gläser mit Hochprozentigem auffüllt.

Ich habe in einigen jungen „Schmal-" und attraktiven „Altieren" einen dankbaren Zuhörerkreis für meine Jagderlebnisse gefunden und vergesse während des Erzählens für kurze Zeit meine missliche Lage. Die plötzlich einsetzende Musik macht allerdings sofort deutlich, dass es für andere Leute interessantere, fesselndere Dinge auf dieser Welt gibt als spannende Erzählungen von der Jagd in den Rocky Mountains, im Selous oder am anderen Ende der Welt, in Neuseeland.

Mit einem Schlag sitze ich allein. Widerstrebend begebe ich mich, dem Gebot der Höflichkeit folgend, ebenfalls auf das Parkett, um meine Pflichttänze zu absolvieren.

Später kann ich dem Trubel endlich für kurze Zeit unauffällig in den Garten entfliehen. Hier zünde ich mir eine Pfeife an und treffe auf meinen Bruder, der ebenfalls froh ist, dem lautstarken Gewimmel für kurze Zeit entronnen zu sein. Natürlich sind unsere Gedanken und Gespräche bei den Hirschen, die eben zu dieser Zeit wahrscheinlich den Wald mit ihrem Konzert erfüllen. Um nicht unangenehm aufzufallen, ziehen wir nach kurzer Unterhaltung widerwillig zurück zum „Rudel".

Die Stunden gehen dahin, ohne dass es mir gelingt, mich von meinen heimlichen Gedanken zu befreien und wirklich Gefallen am weiteren Geschehen zu finden. Die zwei Seelen in meiner Brust kommen nicht in Einklang miteinander. Schließlich wünsche ich nur noch sehnlichst das Ende des Festes herbei.

Als der Morgen anbricht, verabschieden wir uns von den Gastgebern. Im Garten empfängt uns trotz Großstadtlage ein herrliches

Vogelkonzert, das mitunter vom Lachen der anderen fröhlichen Gäste übertönt wird. Befreit atme ich die frische, kühle Luft ein.

Während im Haus immer noch einige unermüdlich die „Tanzläufe“ schwingen, zieht im Revier wahrscheinlich das Rotwild gemächlich zu Holze. Es hat bestimmt mehr vom vergangenen Abend gehabt als ich – und dazu keinen dicken Schädel!

Die Rückfahrt führt durch verträumte Dörfer, vertraute Felder und Wälder, die ebenfalls verschlafen scheinen, aber gerade zu dieser Zeit voller Leben sind, auch wenn es der Autofahrer nicht bemerkt. Dieses Leben offenbart sich nicht dem unbefangenen, ein wenig angesäuselten Spätheimkehrer, sondern nur dem, der sich mit klaren Sinnen aufmerksam durch die Natur bewegt.

„Heute Abend werde ich wieder draußen sein“, nehme ich mir vor. Nicht eingezwängt in meinen Smoking und umwabert von Rauch und Lärm, sondern in bequemer, gewohnter Lederhose und nur in Begleitung meines Hundes!

Ich habe zwar am vergangenen Abend zahlreiche interessante Leute getroffen, anregende Gespräche geführt, Erfahrungen sammeln und Beziehungen knüpfen können, habe gut essen und trinken sowie tanzen dürfen, aber um welchen Preis!

Es war ein gelungenes Fest, nur hätte es nicht ausgerechnet während der Hirschbrunft stattfinden sollen!

## Hirsch mit Hut

„Lögenhaft tau vertellen!“ – Mit diesem „Schnack“ begegnen Heidjer, die Einheimischen der Lüneburger Heide, Geschichten, die unglaubhaft klingen oder an Jägerlatein erinnern, aber doch wahr sind.

„Lögenhaft tau vertellen“, meinten meine Freunde auch, als ich die nachfolgende Geschichte zum Besten gab. Tatsächlich klingt das Geschehene frei erfunden, und doch kann es aber von einer guten Handvoll Jägern, die sich damals im Oktober 1992 im Deister in der Nähe der kleinen niedersächsischen Stadt Barsinghausen zu einer Ansitz-Drückjagd trafen, bezeugt werden.

Die herbstlich kühle und feuchte Witterung der letzten Tage sowie einige Nachtfröste haben nach dem brauereifreundlichen Sommer den bis dahin einheitlich grünen Wald in ein Meer strahlender Farbkontraste verwandelt.

Die Schützen sind zu den Ständen, meistens erhöhten Ansitzböcken, gebracht worden und harren nun auf Wild.

Ein Jäger und Hundeführer hat seinen Stand mitten im Treiben, weit entfernt von jedem Nachbarn, zugewiesen bekommen. Er schnallt zum vorgegebenen Zeitpunkt seine beiden Hunde, die bald Laut geben und sich mit Wild entfernen.

Rundherum fallen Schüsse, Hundelaut erklingt, Musik für jeden begeisterten Jäger. Da bricht es auch ganz in der Nähe des Hundeführers, erst verhalten, dann manchmal etwas stärker, und die Spannung nimmt mit jeder Sekunde zu. Schließlich herrscht wieder Ruhe, als gäbe es weit und breit kein Wild.

Um einen stark angenommenen Wechsel über eine Schneise besser einsehen zu können, entfernt sich der Hundeführer einige Meter von seinem Stand. Da vorher abgesprochen, ist dies für ihn und die anderen weitab postierten Jäger ungefährlich.

Schon zieht vertraut ein Stück Rotwild heran. Anfangs noch durch allerlei Gezweig verdeckt, ist es, auf einer kaum fünfzig Meter entfernten kleinen Blöße verhoffend, unschwer als Vierzehnender vom neunten, zehnten, vielleicht auch elften Kopf anzusprechen.

Langsam zieht der Hirsch dem Jäger parallel zu der Schneise, auf der jener verharrt, entgegen. Beim Verlassen des Bestandes steht der Vierzehnender schließlich dem schussbereit auf nachfolgendes Wild wartenden Mann am Rande des Stangenholzes auf nur acht bis zehn Meter gegenüber, ohne ihn wahrzunehmen.

Vertraut verhofft er, senkt sein Haupt, äst kurz ... – plötzlich eräugt er eine Bewegung des Mannes und nimmt ihn sofort an, blitzschnell.

Den überrumpelten Jäger erfasst lähmendes Entsetzen. Instinktiv kann er nur noch sein Gewehr hochreißen und es schützend vor sein Gesicht halten, doch die grimmige Attacke vollständig abzuwehren, ist es bereits zu spät. Er spürt einen gewaltigen Schlag an seinem Kopf, verbunden mit einem lauten Knall, dann verliert er sein Gleichgewicht, strauchelt und stürzt einen leichten Hang hinab. In Sekundenschnelle ist der Spuk schon wieder vorüber.

Als sich der Jäger, noch völlig benommen, endlich wieder etwas besinnen kann, ist der Hirsch längst verschwunden, die lieb gewordene Hahndoppelbüchse liegt in zwei Teile zerbrochen auf dem Waldboden neben ihm. Er spürt heftige Schmerzen im Gesicht, sein Kopf dröhnt und will schier zerspringen. Seine Hände gleiten vor die Augen, und er merkt, wie seine Finger warm und klebrig werden: Blut! Es ergießt sich pulsierend aus mehreren Wunden. Nur nebulös nimmt er all dies wahr. Panik erfasst ihn: Er könnte ohnmächtig werden und hier verbluten!

Der Jäger rappelt sich auf. Mit fast übermenschlicher Kraftanstrengung und immer noch völlig benommen stolpert er, laut um Hilfe rufend, barhäuptig und mit zerfetztem Mantel blindlings den abgestellten Fahrzeugen entgegen.

Zum Glück hört einer der in der Nähe abgestellten Jäger die Schreie, eilt verwundert herbei, und fährt, nachdem er die Situation erfasst hat, den Verletzten reaktionsschnell nach Barsinghausen zur Polizei. Die verständigt sofort einen Notarzt und einen Krankenwagen.

Vom Abstellplatz der Fahrzeuge verfolgen unterdessen mehrere andere Jäger, die die Hilferufe ebenfalls gehört haben, die Blutspur zum Unfallort zurück. Dort finden sie die ehemals kostbare, nun in zwei Teile zersplitterte Doppelbüchse, einige Stofffetzen liegen umher – aber den Hut des Jägers, den finden sie auch nach intensiver Suche nicht.

Die Ärzte haben zwischenzeitlich andere Sorgen. Nach erster ambulanter Versorgung wird der Verletzte nach Hannover in eine Klinik eingewiesen. Dort stellt man Nasentrümmerbruch, Stirnbeinbruch und Schnittverletzungen am linken Auge fest.

Das linke Augenlicht scheint verloren zu sein, es ist von den Muskeln abgerissen und schwer geprellt, kann aber Gott sei Dank in einer komplizierten Operation schließlich doch noch gerettet werden. Dabei war es noch Glück im Unglück, dass der Schuss, der sich beim Zusammenprall mit dem Hirsch aus der Doppelbüchse gelöst hatte, den Jäger nicht selbst traf und dass ihn der Lodenmantel, von dem Geweih des Hirsches arg zerfetzt, wahrscheinlich vor noch schlimmeren Verletzungen bewahrte.

Verschiedene Jagdfreunde besuchen den Lädierten während seines nun folgenden zehntägigen Krankenhausaufenthaltes. Unabhängig voneinander erzählen zwei Besucher, ein Forstmann und ein Arzt, von einer seltsamen Beobachtung auf dieser denkwürdigen Jagd: Ein bemerkenswert aussehender Vierzehnender sei ihnen erschienen, bemerkenswert, weil er einen auffallenden Kopfschmuck trug – nein, nicht ein Kreuz zwischen den Geweihstangen, sondern einen ganz ordinären Jägerhut, auf der rechten Mittelsprosse aufgespießt und fest an die Stange gedrückt.

Sie seien sehr belustigt darüber gewesen, hätten diese Begegnung anfangs aber für sich behalten, weil sie annahmen, dass ihnen doch niemand Glauben schenken würde, bis sie dann erfahren hätten, was geschehen sei.

Seien Sie, liebe Leser, also nicht erstaunt, wenn Ihnen im Deister ein „behüteter“ Hirsch begegnet!

## Der unverhoffte Weihnachtsbraten

Die oberste Pflicht eines Jagdhundes ist der Gehorsam. Nichtjäger vermuten nun mitunter getreu dem Spruch „Wie der Hund, so der Herr“, dass der Jäger zu Hause ebenfalls dem absoluten Gehorsam unterworfen sei. Das ist allerdings eine abscheuliche Unterstellung. So sind in unserer Familie Herr und Hund, Frau und Kinder absolute Individualisten.

Eines aber verbindet die Familie: Der 23. Dezember ist traditionsgemäß einer der wenigen „jagdfreien“ Tage des Jahres. Die letzten Vorbereitungen für den Heiligen Abend laufen auf Hochtouren, und abends schmücken wir im trauten Familienkreis gemeinsam den Weihnachtsbaum.

„Der Chef ist auf einer wichtigen Sitzung!“

Liebesdrama im Revier

Darauf besteht meine Frau als Nichtjägerin unerbittlich, und der Rest der Familie, meine beiden jagdbegeisterten Kinder einschließlich unserer Hündin Gesa, fügt sich jedes Jahr aufs Neue widerstrebend diesem fast schon unmenschlich strengen Weihnachtsreglement.

„Wie der Herr, so´s Gescherr", pflege ich zu sagen, wenn es um die Kleine Münsterländerin geht, denn sie ist eine so hübsche Jagdgefährtin, dass Passanten auf der Straße stehen bleiben und ihr bewundernd nachstarren – ich kann nicht leugnen, dass ich ziemlich stolz darauf bin.

Vor einigen Jahren setzte sich nun eben diese Jagdgefährtin – sie hat es, zumindest jagdliche Dinge betreffend, faustdick hinter den hübschen Behängen – über die auch von meinen beiden Kindern und mir nicht gerade geschätzte Abmachung einfach hinweg. Das geschah wie folgt.

Wieder einmal ist es soweit. Der Baum steht fertig geschmückt im Wohnzimmer, im Hause tritt nach regem Treiben allmählich wieder Ruhe ein, und wie fast jeden Abend gehe ich noch einmal kurz mit der Hündin spazieren, um frische Luft zu tanken und Gesa etwas Auslauf zu verschaffen. Der halbe Mond scheint vom klaren Himmel und zaghaft zeigen sich einige Sterne. Mit jedem Schritt atme ich die eisige Luft tiefer ein, meine Gedanken sind bei der näher rückenden Heiligen Nacht und der Bescherung unter dem Weihnachtsbaum.

Derweil trollt Gesa auf dem Bürgersteig fröhlich vor mir her, erkundet mit ihrer Nase die Umgebung, verhofft, um nach Duftnoten zu suchen, springt dabei ab und zu über einen der niedrigen Grundstückszäune, verschwindet kurze Zeit in einem fremden Garten, so, wie sie es fast an jedem Abend tut, kommt aber auf mein leises Zischen oder Pfeifen wie immer schnell wieder zurück. Das alles kenne ich und schenke ihrem Treiben daher keine größere Beachtung.

Erst als sich Gesa vor mir auf die Keulen setzt, bemerke ich, ganz in Gedanken versunken, dass sie sich wiederum selbständig gemacht hatte, aber gehorsam wieder zurückgekehrt ist. Und fast gleichzeitig sehe ich noch etwas: Die Hündin trägt etwas in ihrem Fang – einen noch warmen Braten, einen knusprigen Puter.

Letztlich hat Gesa nur das getan, was sie gelernt hat, nämlich Beute aufzuspüren und sie mir zu bringen, entschuldige ich insgeheim meine Hündin, zudem hätten eine umherstreifende Katze oder ein anderer Hund den Braten auch geklaut. Mein Ärger ist schnell verflogen.

Verunsichert drehe ich mich nach allen Seiten um. Die Straßen sind an diesem Vorweihnachtstag jedoch menschenleer, die gesamte Vorstadt denkt in dieser Stunde nicht an kriminelle Taten, sondern sitzt wahrscheinlich in Erwartung des Heiligen Abends gemütlich und unbeschwert im Familienkreis zusammen. Niemand anderes hat den verruchten Diebstahl meiner Hündin beobachtet.

Mit etwas schlechtem Gewissen nehme ich Gesa die Beute aus dem Fang. Im Gegenteil zu mir hat sie überhaupt kein schlechtes Gewissen. Übermütig stürmt sie wieder davon, springt über den nächsten Gartenzaun und verschwindet, während ich den herrlich duftenden Braten verlegen unter meiner Jacke zu verbergen versuche und mein Gewissen beruhige. Ist dieser Puter nicht irgendwie sogar als Schmerzensgeld für einen entgangenen Jagdtag zu betrachten?

Von welchem Grundstück die Hündin gekommen war, habe ich nicht beobachten können, zu sehr bin ich mit meinen Gedanken beim Christfest gewesen. Meine Überlegungen, das gute Stück heimlich dorthin zurückzubringen, wo Gesa es entwendet hat, fallen nur halbherzig aus und ich weiß ja auch nicht, welcher meiner Nachbarn den feisten Puter zum Abkühlen auf seine Terrasse gestellt hat.

Ich weiß nur, dass eine Familie in dieser Siedlung morgen früh ihren Festtagsbraten schmerzlich vermissen wird und dass sich der Hund einer anderen Familie, in der am 23. Dezember nicht gejagt werden darf, schnöde über diese traditionelle Regeln hinweggesetzt, Beute gemacht und seinem Herrn einen zweiten opulenten Weihnachtsbraten beschert hat. Waidmannsdank!

# Die Anglerwaage wiegt lateinisch

„Sooo groß war die Äsche, die ich am letzten Freitag in dem kleinen Kolk vor der Schilfinsel aus der Strömung zog", strahlt Onkel Karl und demonstriert mir bildhaft mit Armen und Händen die Länge eines Fisches, von dem ich Zweifel habe, dass ein Mann ein solch großes Untier alleine nach Hause tragen kann.

Ich kenne Onkel Karl ja nun schon von Kindheit an und amüsiere mich ebenso lange über seine Superfänge und seine oft unglaublichen Geschichten. Er ist Rentner und verbringt den größten Teil seiner nicht knapp bemessenen Freizeit am Fischwasser.

Diese Erzählung ist nun aber offensichtlich sehr übertrieben und überschreitet die Grenze der Glaubwürdigkeit. Zwar gibt es in dem kleinen Heideflüsschen Äschen, selten aber sind sie schwerer als ein bis eineinhalb Pfund.

Vor einigen Jahren hatte Wilhelm eine von knapp zwei Pfund gefangen und in Anspielung an das Ungeheuer aus dem schottischen Loch Ness ging dieser Fisch unter dem Namen „Nessi" in die Annalen unseres Anglervereins ein. Das war eine wahre Sensation damals. Sie sprach sich wie ein Lauffeuer herum, und ein Konterfei des stolzen Fängers mit seiner Beute erschien sogar in der regionalen Tageszeitung. Auf dem Bild, das eines unserer Vereinsmitglieder wenig professionell mit seiner automatischen Kamera gemacht hatte, konnte man den Fisch, den der strahlende Wilhelm unbeholfen in die Höhe hielt, allerdings kaum erkennen.

Was Onkel Karl nun in großer Runde zum Besten gibt, scheint, wie von ihm nicht anders gewohnt, wieder einmal reines „Anglerlatein" zu sein. „Bist du sicher, dass es kein Krokodil war? Woher hast du denn so schnell eine Seilwinde bekommen, um den Fisch zu landen? Davon kann deine Familie ja nun mindestens drei Wochen lang leben!", frotzeln wir. Aber Onkel Karl lässt sich von unseren Späßen nicht beeindrucken. Seine Äsche war sooo lang, und in seinen Augen haben wir alle ja sowieso keine Ahnung vom Angeln! Das hat er ja schon immer gewusst. Beleidigt will er den Raum verlassen.

„Das ist zu viel!“, Kassenwart Otte springt wütend auf. Er hat schon öfter Streit mit Onkel Karl gehabt und sich über die Übertreibung des Alten aufgeregt. „Karl, jetzt halt aber die Luft an“, ruft er ziemlich laut in die Runde. „Wir wissen doch schon lange, dass du immer übertreibst und all die schweren Fische, die du angeblich gefangen hast, nur in deiner Fantasie existieren.“

Am Stammtisch ist es still geworden wie draußen am Fischwasser. Selbst Karl ist für einen Moment sprachlos, und seine Augen quellen ihm fast aus den Höhlen, sodass er wie ein Kaulbarsch aussieht. „Ihr könnt mich alle mal ....“, stammelt er, schreitet zur Theke, wobei sein Gang würdevoll und gemessen wirkt, zahlt sein Bier, gibt – zum ersten Mal in seinem Leben – etwas Trinkgeld, was alle seine Anglerkameraden staunend bemerken, und verlässt grußlos den Gastraum.

Kaum ist die Wirtshaustür von außen geschlossen, gehen die Gespräche am Stammtisch weiter, werden lauter und lauter. Die Gemüter erhitzen sich, und bald ist es nun Herr Otte, der sich so manches anhören muss. „Keine Ehrfurcht vor dem Alter, rücksichtslos, unfair, arrogant, brutal“, sind nur einige Ausdrücke, die durch den Raum schwirren.

Aber es gibt auch andere Stimmen, die eindeutig gegen Onkel Karl gerichtet sind, und allmählich spaltet sich der Stammtisch unseres Anglervereins in zwei Parteien: Deren Wortführer sind Herr Otte auf der einen und Erwin, baldigen Vaterfreuden entgegensehender Freund und Nachbar Karls, auf der anderen Seite. Immer heftiger wird der Streit. Es hat den Anschein, dass die Sympathisanten von Onkel Karl den Angriffen und Argumenten ihrer Gegner kaum länger standhalten können, als sich die Tür zum Gastzimmer öffnet und der Auslöser des ganzen Streits mit einem Paket unter dem Arm den Raum betritt.

Es dauert einen Moment, bis die Streithähne am Stammtisch Onkel Karls Gegenwart bemerken, aber dann herrscht jäh betretene Ruhe. Fast könnte man die bekannte Stecknadel zu Boden fallen hören, und in diese Stille fallen die Worte von Onkel Karl: „Ich weiß ja, dass ihr vom Fischen alle keine Ahnung habt, aber einen Lügner lasse ich mich nicht nennen.“ Damit stellt er das Paket auf den Tisch. „In Zukunft könnt ihr ja alle zusehen, wenn ich meine Fische wiege“, fährt er fort und wickelt dabei das Paket aus. Zum Vorschein kommt, wie als Beweis für seine Ehrlichkeit, ein Karton mit einer fast neuen Waage.

Nach anfänglichem staunendem Schweigen, viel sagenden Blicken und Geflüster wird dann wieder lauter debattiert und schließlich beschlossen, dass Karls nächster gelandeter „Kapitaler“ im Beisein von Wilhelm und Herrn Otte gewogen wird. Im besten Einvernehmen trennt man sich schließlich zu später Stunde.

Wenige Tage später leiht sich Erwin, nun bereits frisch gebackener Vater, die Anglerwaage seines Freundes, um sein Neugeborenes zu wiegen. Nach dieser Waage wiegt der Säugling 17 Pfund …

## Jagen unter Zeitdruck

Detlef, klein von Statur, aber kugelrund, ist ein erfolgreicher und viel beschäftigter Manager, der kaum Zeit für andere Dinge als seinen Beruf findet. Auf Jagden ist er deshalb selten zu sehen – aus Zeitmangel, wie er regelmäßig beteuert. Mit seiner Jagdpassion hält es sich aber ohnehin in Grenzen, wenn er jagt, geht es ihm mehr um das gesellschaftliche Prestige. Für einen besinnlichen Ansitz würde er nie genügend Muße und Geduld aufbringen.

Doch nachdem mehrere Freunde in den letzten Jahren erfolgreiche Jagdreisen ins Ausland unternahmen und nach ihrer Rückkehr ganz erfüllt von ihren Erlebnissen berichteten, fühlt auch Detlef sich berufen, eine Safari zu buchen, zumal der Jagdreisevermittler ihm alle möglichen Versprechungen von hohen Strecken in kurzer Zeit, Garantieabschüssen und manches andere mehr versprach. Kurzum, Detlef sagte sich für eine Woche von seinem Geschäft los und flog nach Zimbabwe zur Jagd.

Nach seiner Rückkehr werden wir Freunde von ihm eingeladen und er beginnt fröhlich zu erzählen: „Morgens früh in Hamburg zum Flughafen, rein in die Maschine, zack-zack umgestiegen in London, Ankunft Harare, sofort ging es weiter mit einem kleinen Personenbus, vier Stunden lang ins Camp, immer nur Vollgas, kurz Waffen einschießen, raus in den Busch, nach 20 Minuten lag bereits ein Kudu und so ging es denn weiter, eine Stunde später hatte ich ein Warzenschwein geschossen. Am nächsten Tag fuhren wir mit dem Jeep hinaus, ich erlegte erst ein Gnu, dann ein Zebra und am letzten Tag hatte ich das große Glück, auch noch einen Impala und eine starke Eland Antilope zu schießen.

Ich hatte ja nur sehr wenig Zeit und alles musste natürlich wahnsinnig schnell gehen. Wir verließen unser Lager und fuhren im Eiltempo mit dem kleinen Bus wieder zurück zum Flughafen nach Harare. Dummerweise hatte die Maschine nach London Verspätung, ich musste zwei Stunden lang auf diesem komischen, primitiven Flughafen warten."

Hingerissen ruft da Hans Müller: „Großartig, er findet sogar Zeit zu warten!"

## Keine Eile

Ferdinand Freiherr von Raesfeld, der Begründer der „Hege mit der Büchse", ist älteren Jägern ohne Zweifel bekannt. Ende des 19. Jahrhunderts übernahm er das Forstamt Born auf dem Darß und blieb dort bis zu seiner Pensionierung. Er war ein bekannter Jagdschriftsteller und seine Standardwerke wie „Das Rotwild", „Das Rehwild", „Das deutsche Waidwerk" und „Die Hege in der freien Wildbahn" haben noch heute teilweise Gültigkeit.

Als nach der so genannten Wende die Grenze zwischen West- und Ostdeutschland fiel, gründete sich in dem kleinen Dorf Born ein „Freundeskreis Ferdinand von Raesfeld", der das ehemalige Forsthaus des großen Jägers in ein Museum verwandelte, das seitdem von vielen Anhänger des Schriftstellers aus ganz Deutschland und darüber hinaus besucht wird.

So raste wieder einmal ein großer Straßenkreuzer durch die Straßen der kleinen Stadt Born und stoppte plötzlich mit laut quietschenden Bremsen neben einem biederen Fußgänger. „Hallo!", rief der Mann am Steuer, „fahre ich hier richtig zu dem Haus von dem Herrn von Raesfeld?"

„Ja, ja", meinte der Fußgänger, während er den eiligen Fremden nachdenklich musterte, „aber Sie brauchen sich nicht zu beeilen, der Herr Forstmeister von Raesfeld ist schon lange tot."

## Der Amtsschimmel wiehert

Landwirte, Forstleute und Jäger sitzen ja letztendlich alle in einem Boot und haben mit denselben „Schwierigkeiten" zu kämpfen: mit Neid, übertriebener Bürokratie und unverständlichen Gesetzen. Deswegen glaube ich, dass auch die beiden nachfolgenden Episoden, obwohl sie nicht direkt mit Jagd zu tun haben, diesen Hubertuscocktail bereichern.

Auf dem Feld eines unserer Jagdnachbarn hatte dessen Freund Bienenkästen aufgestellt. Die Fläche war als „Grünbrache" deklariert und der Besitzer bekam von irgendeiner Behörde, vermutlich aus Brüssel, eine Entschädigung dafür, dass er sie nicht bearbeitete, sondern brach liegen ließ. Deswegen blühten dort im Sommer die unterschiedlichsten Blumen und verwandelten den Acker in ein wahres Blütenmeer, das nicht nur hungrige Immen, sondern auch viele begeisterte Zuschauer anzog.

Die fleißigen Tiere brachten eine reiche Ernte ein, und um sich bei dem Freund, eben dem Grundbesitzer, hierfür erkenntlich zu zeigen, schenkte der Imker ihm zu Weihnachten zwölf Gläser wunderbaren Honigs.

Ein Glas mit dieser Köstlichkeit stand später auf unserem Stammtisch und jeder von uns durfte einen Löffel probieren. „Wo kommt denn dieser Honig her?", wurde der Landwirt gefragt und erzählte also, dass er zwölf Gläser von seinem Freund geschenkt bekommen habe, quasi als Pachtzins für die kostenlose Benutzung seines Feldes.

Das hatte vermutlich jemand an einem der Nachbartische mitgehört. Jedenfalls bekam der Landwirt eine Woche später eine Anzeige und man drohte ihm mit der Streichung der Subventionen, weil er aus der Brachfläche weitere Gewinne erzielte. Wenn er nicht umgehend Abhilfe schüfe, würde die Unterstützung gestrichen.

Darauf wurden die Bienenkästen auf den Wegrain am Rand des Feldes umgestellt und das Verfahren gegen den Grundbesitzer eingestellt.

Hierzu passt eine weitere Episode, bei der sich ebenfalls der Amtsschimmel laut zu Wort meldete.

Ein Vetter von mir bewirtschaftet einen großen Betrieb in der Nähe von Hildesheim. Zu dem Besitz gehört auch ein stattliches Herrenhaus mit einem großen Rasen, der von seinem Vater noch sorgfältig gepflegt wurde. Da sich die Bedingungen in der Landwirtschaft verschlechtert hatten, sah sich der Erbe nicht mehr in der Lage, den Rasen so zu pflegen, wie es seine Vorfahren getan hatten, sondern fuhr zweimal im Jahr mit seinem Kreiselmäher über die große Fläche, lud das gemähte Gras auf den Ackerwagen und verbrachte es in seinen nahe gelegenen Wald, wo es langsam verrottete und zu Kompost wurde.

Nun erhielt er einen amtlichen Bescheid: Darin wurde ihm mitgeteilt, dass er das Gras zukünftig nicht mehr in seinen eigenen Wald fahren dürfe, da es sich um „Gartenabfälle" handele, die vorschriftsmäßig zu „entsorgen" seien, und dass er es zu der ungefähr zwölf Kilometer weit entfernten Müllkippe zu bringen habe. Die Reste der letzten Mahd seien nachträglich aus dem Wald zu entfernen und ebenfalls zu der Müllkippe zu fahren.

In dem folgenden Prozess unterlag der Landwirt gegen die bürokratische Gründlichkeit!

## Ein Biss im Gottesdienst

„Ich freue mich wirklich, dass Sie gestern endlich mal wieder in meiner Andacht waren!“, begrüßte unser Pastor vor einigen Jahren meinen alten Freund Peter, genannt Buddel, am Montag nach der großen Treibjagd. „Ach, da bin ich also nach dem Schüsseltreiben gelandet“, war die Antwort.

Ganz so schlimm war es mit Karl nicht, aber ähnlich, und vor allem: Diese Geschichte ist verbürgt!

Im Grunde seines Herzens ist Onkel Karl schon ein gläubiger Christ oder zumindest religiös eingestellt. Ein begeisterter Kirchgänger ist er aber nie gewesen. Vielmehr gehört er zu den Leuten, die behaupten, draußen, in der freien Natur, am Fischwasser mit all seinen kleinen und großen Wundern, sei man dem lieben Gott weitaus näher als im sonntäglichen Gottesdienst. So ist es auch schon einige Jahre, wenn nicht Jahrzehnte her, dass sich Karl in der Kirche hat sehen lassen.

Unserem Pastor missfällt das Verhalten und die Einstellung des Alten seit langem. Daher nimmt er Onkel Karl, als er diesen an einem lauen Sommerabend, schwer mit seinen Angelutensilien bepackt, zum Nachtangeln Richtung Örtze wandern sieht, ordentlich ins Gebet. Die Zeit drängt, es beginnt bereits zu dämmern, aber trotzdem lässt der begeisterte Angler die Standpauke geduldig über sich ergehen. „Da müssen die Aale heute eben warten", denkt er schicksalsergeben.

Schließlich fruchten die eindringlichen Worte des Pfarrers auch, und der Onkel nimmt sich fest vor, bei nächster Gelegenheit, wenn zur Kirchzeit einmal kein ideales Angelwetter herrscht, den Gottesdienst zu besuchen.

Schon vier Wochen später sitzt Karl am Sonntag auf der harten Kirchenbank. Damit ihn jeder der anwesenden Gemeindemitglieder sehen kann, hat er in der ersten Reihe Platz genommen und lauscht von hier interessiert den eindringlichen Worten des Gottesmannes.

Dieser ist ganz besonders über seine gelungene Missionsarbeit und den zwar erhofften, aber unerwarteten Besuch eines offensichtlich bekehrten Schäfchens erfreut. Deshalb fällt die Predigt auch besonders ausführlich und lang aus, was im Angesicht eines bekehrten Sünders verständlich ist.

Für Onkel Karl schleicht die Zeit träge dahin, seine Augenlider drohen ihm zuzufallen. Da dringt das unüberhörbare Räuspern des Pastors an sein Ohr und lässt ihn wieder hochfahren. Lange kann er sich jedoch nicht zusammenreißen.

Ihm ist heiß, seine Gedanken schweifen immer wieder zum Wasser, und neben ihm sitzt kein Nachbar, der ihm verstohlen auf die Schulter klopfen und ihn wach halten könnte, denn er sitzt ja ganz vorn und ganz allein in der ersten Reihe – gleichsam als gutes Vorbild für die Gemeinde. Seine Augenlider werden immer schwerer.

Das Ende des Gottesdienstes naht. Karls Kopf ist tief auf die Brust gesunken. Unser Pfarrer hat es längst bemerkt: Karlchen ist sanft entschlummert und träumt von dicken Aalen an der Angel.

„Einen fröhlichen Geber hat Gott lieb“, ertönt es von der Kanzel, und anschließend geht Erwin, unser Küster, mit dem Klingelbeutel herum, um die Kollekte einzusammeln.

Da horcht der Onkel auf. Sein tiefes Atmen stockt für einen Moment. Das Klingeln kennt er doch! Mehr im Unterbewusstsein nimmt er das vertraute Geräusch wahr, tastet wie in Trance umher, wacht dann endgültig aus seinem kurzen Tiefschlaf auf, springt hoch, will nach der Angelrute mit dem Alarmglöckchen greifen, die eben im Traum noch neben ihm stand und ruft erfreut: „Ein Biss ...!“

Der Rest des angefangenen Satzes bleibt ihm im Halse stecken. Erschrocken sieht er sich um und schaut in die lachenden Gesichter der anderen Kirchenbesucher.

Durch die Gemeinde geht ein amüsiertes Raunen, einige Konfirmanden auf der Empore lachen sogar respektlos laut auf, und unser Organist versucht, die Situation auf sinnige Art und Weise zu retten, indem er den Choral „‚Wachet auf‘, ruft uns die Stimme“ zu spielen beginnt. – Unser Pastor hat Onkel Karl nie wieder zum Kirchgang aufgefordert.

## Mit Kinderaugen

Nichtjäger Eckhardt geht im Frühling mit seiner Frau, einer entfernten Cousine von mir, auf ein Kostümfest. Es wird gewiss sehr lustig werden, es ist nämlich ein „Jagdfest“, und so hat sich Sabine, dem Anlass entsprechend, flott als Jägerin kostümiert: Braune Hose, grüne Jacke, die goldene Grandelbrosche am Revers, schiefes Jägerhütchen und ein Jagdhorn aus Messing an der Seite. Kurzum, sehr fesch sieht sie aus.

Bevor es endlich losgeht, sagt sie noch ihrer fünfjährigen Tochter Gute Nacht.

Das Kind ist bei dem Anblick seiner Mutter zunächst sprachlos vor Erstaunen. Endlich meint es: „Mutti, wenn Du wieder gesund bist, dann schenk mir bitte die Trompete!“

# Bildungsprobleme

Ich war zur Jagd auf Weißwedelhirsche in Montana. Ein Land, dass ich wegen seines Wildreichtums, aber auch wegen seiner netten und unkomplizierten Menschen sehr liebe. Die Beziehungen von Freunden verschafften mir die Möglichkeit, meinen „Pick up“ auf einer kleinen Farm abzustellen, um von hier aus nach den begehrten Weißwedelhirschen zu schauen.

In der Nähe des Farmhauses bemerkte ich eine kleine Herde Rinder, und auf beide Flanken jedes Tieres war mit leuchtender Farbe und großen Buchstaben das Wort „Cow“ gemalt. So etwas hatte ich noch nie gesehen.

Als ich kurze Zeit später einen Mann, der sich als Besitzer der Farm vorstellte, nach der Bedeutung fragte, erhielt ich die Antwort: „Diese Stadtleute aus Washington, oder wo immer sie herkommen mögen, die hier jedes Jahr Weißwedelhirsche jagen, können mitunter noch nicht einmal einen Hirsch von einer Kuh unterscheiden“, brummt er, „sie haben in der Nachbarschaft bereits drei Kühe erschossen.“

Ich schaute den Mann betreten an, und es entstand eine kurze Pause.

Dann fuhr der Farmer fort: „Ich verstehe das nicht, diese Menschen gehen doch zur Schule, bis sie 20 sind ...“

# Der Wilddieb mit dem roten Kopf

In meiner Jugend verschlang ich alle Romane und „wahrheitsgetreuen“ Schilderungen über edle Förster und böse Wildschützen, deren ich habhaft werden konnte und sah mit großer Begeisterung Heimatfilme. Viele Male las ich „Wilddieberei und Förstermorde“ des legendären Busdorf, ja ich bedauerte sogar insgeheim, dass es bei uns in der Lüneburger Heide keine Wilddiebe mehr gab. Zu gerne hätte ich es doch meinen großen Idolen, den todesmutigen Jägern und Forstbeamten, gleichgetan und einen verruchten Wildschütz auf frischer Tat ertappt und seiner gerechten Strafe zugeführt.

Ich wünschte insgeheim die Begegnung mit einem Wilddieb herbei, und dann kam es tatsächlich zu einer sehr prekären Begegnung, in der ich mich in Lebensgefahr wähnte, aber trotzdem eiskalt den Lump zu überführen versuchte.

Rehbrunft im Revier meines Bruders. Am Wochenende wird im benachbarten Dorf Eversen gerade Schützenfest gefeiert, eine Veranstaltung, der die gesamte Dorfbevölkerung seit einem Jahr entgegenfiebert, und so auch ich.

Ich bin mir aber auch bewusst, dass ein solches feuchtfröhliches Zusammentreffen eine ideale Gelegenheit bietet, sich ungestört im Wald zu bewegen und zu wildern. Niemand wird einen Schuss hören, niemand kann Verdacht schöpfen, denn alles, was Beine hat, Bauern, Jäger, Forstbeamte, wird ja auf dem Tanzboden versammelt sein.

Unser Haumeister, bereits weit über sechzig Jahre alt und durch das Arbeiten mit der „neumodischen“ Motorsäge – einen Gehörschutz zu tragen war unter seiner Würde – schon ziemlich taub, hat angeblich – nein, „mit Sicherheit!“ – einen Tag zuvor einen Schuss an den Holzförsterwiesen gehört. Für mich steht fest: Hier muss ich eingreifen!

Ich verzichte also auf einige voraussehbare verlockende Runden Freibier und pirsche stattdessen am frühen Nachmittag zu den „Holzförsterwiesen“. Mit gutem Wind von der schützenden Dickung her setze ich mich an den bemoosten Fuß einer dicken Erle und warte diesmal nicht auf das Austreten von Wild, sondern auf den Unhold, der tags zuvor hier geschossen haben soll. Jenseits meines Sitzplatzes zieht sich ein verwachsener Schlag entlang, dicht überwuchert mit Himbeer- und Brombeerdornen, die auch die durchziehenden Gräben füllen. Hieran schließt sich ein hoher Fichtenbestand an.

Noch döse ich verträumt vor mich hin, die tiefe Ruhe wirkt fast einschläfernd. Manchmal trägt ein Windstoß verschwommen, aber verlockend, ferne Musiktöne vom Schützenfest zu mir herüber, Klänge der Blaskapelle und Karussellorgeln, dann ist es wieder still.

Ich mustere meine Umgebung, erwäge für den Ernstfall Schussmöglichkeiten nach unterschiedlichen Richtungen und Entfernungen und male mir aus, was wohl geschähe, wenn ein Mann mit rußgeschwärztem Gesicht aus dem dichten Beerengerank heraustäte. Da bleiben meine Blicke auch schon an einem besonders hellen, runden Fleck im Gestrüpp auf der gegenüberliegenden Seite der Wiese hängen. Vor Aufregung schießt mir das Blut in den Kopf, mein Puls klopft ungestüm bis in die Schläfen.

Die Decke eines Rehs ist nicht so braun, sie ist anders gefärbt, es muss das Gesicht des Wilddiebes sein, schießt es mir durch den Sinn, und durch das Fernglas versuche ich, das Gewirr der Sträucher zu durchdringen, sehe aber nicht mehr und nicht weniger, als den unbeweglichen rötlich braunen Fleck, vermutlich das Gesicht des Bösewichtes, durchschimmern.

Er passt dort nicht hin, ist fremd in der Umgebung, und auf einmal lauert er nicht mehr über dem Holunderstrauch, sondern ist nach rechts gewandert, verbirgt sich jetzt hinter einer großen, weißen Dolde. Kein Zweifel, der Kerl hat mich wahrscheinlich schon entdeckt und will sich unbemerkt davonstehlen.

Soll ich mit angeschlagenem Gewehr über die freie Fläche auf den Mann losstürzen? In Gedanken male ich mir aus, was ich rufen werde: „Hände hoch, Sie haben keine Chance, ergeben Sie sich!“ Aber dann zwinge ich mich vorerst zur Ruhe. Was mache ich, wenn der Kerl noch einen Komplizen hat, der in der Nähe lauert?

Immer wieder starre ich dorthin, reiße dann aber meine Blicke los und leuchte den Waldrand ab, um vielleicht noch einen anderen Schurken zu entdecken. Ich selbst bin vermutlich doch noch nicht entdeckt worden.

Eiskalt überlege ich, was in dieser gefährlichen Situation zu tun ist, und beobachte währenddessen mein unheimliches Gegenüber. Plötzlich erhebt sich der Kopf, geht aber sofort wieder in Deckung. Durch mein Fernglas erkenne ich ganz deutlich, wie er sich langsam nach rechts, dann nach oben schiebt und urplötzlich im dichten Grün verschwindet. Kaum ist er aus meinem Blick, taucht er ganz sachte einen Meter links daneben wieder auf, fährt dann aber mit einem Ruck wieder zurück in die Deckung.

Mir wird ungemütlich. Hat mich der Kerl doch bemerkt? Fester umfasse ich den Pistolengriff meiner Büchse. Wie mit einem kleinen Sprung verschiebt sich das Gesicht nun nach rechts. Will er fliehen? Wird er in das Hochholz rennen oder versuchen, durch den fast undurchdringlichen Dornenbewuchs zu flüchten?

Zum einen ist mir schon ein wenig mulmig zumute, andererseits beflügelt die Situation meine Entschlusskraft und meinen Mut. Es ist höchste Zeit zum Handeln, bevor mir der Mann durch die Lappen geht. Kurzentschlossen schnelle ich mich vom Erdboden in die Höhe, springe mit schussbereiter Büchse über die Wiese auf den Unhold zu und brülle dabei: „Halt, Hände hoch!“

Zum Flüchten ist es zu spät, aber trotzdem probiert der Kerl es. Geduckt versucht er, in kleinen Sprüngen zu entkommen. Noch sehe ich nur seinen roten Kopf über dem Pflanzengewirr, aber ich bin schneller als er und nähere mich ihm mit Riesensprüngen.

Immer darauf gefasst, mich sofort auf den Boden zu werfen, sollte der Mann Gebrauch von seiner Schusswaffe machen, schreie ich noch einmal todesmutig: „Bleiben Sie stehen, Hände hoch!“, und stehe dann – vor einem roten Luftballon. Er ist vom Schützenfest in den Wald herübergeweht worden und taumelt nun im Abendwind müde zwischen den Sträuchern hin und her, sich hier und dort mit seinem dünnen Faden festhakend und wieder losreißend.

Es dauert einige Augenblicke, ehe sich meine Erregung legt, und dann wird es noch absurder. An dem Faden ist ein Zettel befestigt, auf dem in kindlicher Handschrift geschrieben steht: „Ballonwettbewerb, der Finder dieses Luftballons wird gebeten, den Zettel zurückzusenden an…“, und es folgt die Adresse der Tochter unseres Haumeisters.

Ich habe das Papier ausgefüllt und zurückgesandt, allerdings nicht erwähnt, dass ich es unter Lebensgefahr „erbeutete“.

## Angst?!

Ich jagte mit meinem Freund Joschka und zwei deutschen Jagdgästen im tansanischen Rungwa. Innerhalb einer Woche hatten wir mehrere Antilopen sowie einen Büffel geschossen und dabei zu Fuß viele Kilometer zurückgelegt, sodass wir alle ziemlich erschöpft waren. Die Gespräche am abendlichen Campfeuer wurden immer kürzer und wir gingen immer früher ins Bett.

Eines Nachts wurden Joschka und ich in unserem Zelt von einem der beiden deutschen Gäste aufgeregt geweckt. „Ganz in der Nähe steht eine Herde Elefanten, ich habe soeben einen trompeten

„Meine Freunde, die Holzwürmer“

„Fauteuil“ natur – Birke, massiv

hören, sie sind höchstens 100 Meter vom Lager entfernt. Wenn wir nichts unternehmen, werden sie das Lager zertrampeln!"

„Das glaube ich kaum", meinte Joschka und zog sich ganz langsam an. Der Gast verschwand, war aber nach wenigen Minuten wieder zurück und meinte: „Sie brauchen keine Angst mehr zu haben, die Elefanten sind weitergezogen."

„Angst? Was meinen Sie mit Angst?", fragte Joschka, „ich habe noch nie Angst gehabt in meinem Leben."

Dann schaute er dem Gast gerade ins Gesicht und fuhr fort. „Verzeihung, wie fühlt sich ein Mensch, der Angst hat? Wie er aussieht, brauche ich ja nicht zu fragen ..."

## Jagdkönig „Schnuffel"

Eigentlich wäre es gar nicht nötig gewesen, das halb gefüllte Weinglas mit dem Messer zum Klingen zu bringen und sich so Gehör zu verschaffen, denn als sich Dr. Dertz erhob, um die fast einhundert Jagdgäste zum Schüsseltreiben zu begrüßen, herrschte Kraft seiner Autorität und des Amtes als oberster Forstchef des Landes fast sofort schon Stille. Verständlicherweise wollte doch jeder der Anwesenden auch im nächsten Jahr wieder zu dieser Jagd eingeladen werden und deshalb auf keinen Fall unangenehm auffallen.

„Herr Dr. Teuwsen und ich haben nach intensivem Gespräch übereinstimmend festgestellt, dass Herr von Harling Jagdkönig der heutigen Medienjagd ist", klang der gewaltige Bass des Forstmannes durch den Raum. Es folgte beifälliges Gemurmel, dem sich einige Hochrufe anschlossen.

Bei mir bildete sich ob dieser zweifelhaften Ehre ein ungutes Gefühl in der Magengegend. Aber nun saß ich in dem großen, von Tabakqualm schon geschwängerten Raum, und viele erwartungsvolle Blicke ruhten auf mir.

Ohne lange zu zögern erhob ich mich. Als das Murmeln in dem großen Saal kaum nachließ, donnerte ich, um etwas Zeit zu gewinnen und meine Gedanken für die Rede des Jagdkönigs zu ordnen, durch den Raum: „Wenn der König spricht, hat das gemeine Volk zu schweigen!“ Freudiges Gelächter war die Antwort, mir brachte das wertvolle, wenn auch nur kurze Zeit, um mir zu überlegen, wie ich dem Jagdherrn für den wunderschönen Jagdtag danken sollte. Endlich herrschte wieder fast Stille, und ich legte los:

„Sehr verehrter Herr Minister, verehrter Herr Staatssekretär, lieber Herr Dr. Dertz, lieber Herr Dr. Teuwsen, meine sehr geehrten Damen und Herren ...“, und so weiter, und so weiter.

Ich merkte, dass die zuerst Angeredeten meinen Worten weniger lauschten, der große Rest der zur Medienjagd in den Reinhardswald eingeladenen Jäger und Jägerinnen aber aufmerksam jeden meiner Sätze verfolgte. Ich bedankte mich überschwänglich für diesen unvergesslichen, wunderschönen Jagdtag und fuhr fort:

„Meine Damen und Herren, wenn ich heute Abend nach Hause komme – und gewiss wird es sehr spät sein, bis ich wieder in Lüneburg bin –, wird meine Frau sicherlich schon lange zu Bett gegangen sein. Aber enthusiastisch und erfüllt von diesem Jagdtag werde ich sie ganz behutsam wecken, und unter dem großen Federbett wird dann ein kleines verschlafenes Gesicht erscheinen, vielleicht öffnet sich sogar ein Auge. Voller Begeisterung werde ich dann von diesen wunderschönen, sonnigen Stunden im Reinhardswald erzählen, von der fantastischen Organisation, von den umsichtigen Beamten und den anderen Jagdhelfern, von den unermüdlich und laut jagenden Hunden sowie deren passionierten Führern, von dem hohen Wildvorkommen, von den stimmungsvollen Herbstfarben des Laubes und des Grases im Reinhardswald nach den ersten kalten Nächten, von der Spannung auf der Jagd und der anschließenden ausgelassenen und fröhlichen Stimmung, die alle Probleme des Alltages vergessen ließen, von der Harmonie unter den Gästen, Treibern und Beamten, von den vielen netten Menschen, alten Bekannten und neu gewonnenen Freundschaften, ja, und nicht zuletzt auch von der Gastfreundschaft und diesem fröhlichen Schüsseltreiben. Aber ich weiß, meine Damen und Herren, dass ich dann irgendwann von meiner Frau wahrscheinlich in meinem enthusiastischen Redefluss unterbrochen werde.

Schon jetzt sehe ich ihr kleines Gesicht vor mir und ihre verschlafene Stimme höre ich ebenfalls, die da sagt: ‚Aber Schnuffel, das war doch in den letzten Jahren auf der Jagd im Reinhardswald immer so!'“

Ich schloss meine Königsrede mit dem Satz: „Meine Damen und Herren, dem ist nichts hinzuzufügen!“

Danach erhob ich mein Glas, trank auf das Wohl aller Anwesenden, hieß die Korona sich zu erheben, und wir tranken gemeinsam auf das deutsche Waidwerk, stießen etliche „Horridos“ und „Johos“ aus und setzten uns wieder.

Während des lauten Beifalls der Zuhörer erhob sich der Minister, der mir vorher mitgeteilt hatte, dass er kein Jäger war, worauf ich ihn mit den Worten beruhigte: „Herr Minister, machen Sie sich keine Gedanken darüber, kein Mensch auf dieser Erde ist perfekt.“

Dieser Minister also stand nun auf, hob sein Glas und meinte: „Meine sehr verehrten Damen und Herren, wir danken dem Jagdkönig, Herrn Schnuffel, für seine Rede.“

## Der Ruf der „Wildnis“

Der langjährige Jagdpächter meines elterlichen Revieres, Dr. S., war von einer Safari aus Tansania bei meinem Freund und Berufsjäger Joschka zurückgekehrt.

Mit Joschka, er hatte uns vor vielen Jahren in fast alle Geheimnisse der Lockjagd eingeweiht, verbinden Dr. S. und mich unter anderem unvergessliche Erlebnisse auf der Hirschbrunft. Joschka ist auch der musikalischste Mensch, den ich kenne. Er hat in Ungarn und anschließend in Deutschland Musik studiert, spielt zahlreiche Musikinstrumente, und er kann nicht nur den Hirschruf, sondern jede Tierstimme bis zur Perfektion nachahmen. Was den Umgang mit der Tritonmuschel betrifft, stand Dr. S. ihm allerdings kaum nach.

Irgendwann hatte Joschka sein Musikstudium aber an den Nagel gehängt und war, seiner Jagdpassion folgend, nach Afrika ausgewandert, wo er ein Leben als „white hunter“ begann. Sehr erfolgreich jagte er im Kongo, im Sudan und in Kenya. Als die Großwildjagd dort verboten wurde, ging er zu seinem Onkel, dem fast legendären Dr. v. Nagy, nach Tansania.

Dort besuchte ihn sein väterlicher Freund und Mäzen Dr. S. und lud nach seiner Rückkehr, erfüllt von einer unvergesslichen Großwildjagd, Jagdfreunde ein, um von seinen afrikanischen Impressionen und Abenteuern zu erzählen. Frau S. bittet nach dem Abendessen die Damen in ein Nachbarzimmer, während wir Herren es uns im großen Wohnzimmer gemütlich machen, rauchen, trinken und uns neugierig um Dr. S. versammeln, um gespannt seinen Erlebnissen zu folgen.

Aufmerksam lauschen wir den Erzählungen, hören vom Abschuss eines Leoparden am Luder, von dem Erlegen einer starken Sable-Antilope, der erfolgreichen Verfolgung eines Büffels, diskutieren erregt über ballistische Fragen, Probleme des Naturschutzes und über die Trophäenjagd im Ausland ganz generell. So mancher gute Tropfen rinnt dabei die Kehlen hinunter.

„Das Spannendste ist wohl die Löwenjagd“, sagt nun Dr. S., „nicht das stundenlange Warten in einem engen Schirm am Luder, sondern das Verfolgen eines männlichen Löwen.“ Wir erwarten gespannt, was er weiter erzählen wird.

„Bevor sich ein Löwe früh morgens in sein Lager einschiebt, schreit und grollt er laut und weithin vernehmbar. Ganz besonders eindringlich brüllt er aber während der Paarungszeit, sodass man es kilometerweit hört. Es klingt beängstigend und ein wenig ähnelt sein Ruf dem Röhren unserer Rothirsche in der Brunft. Ich will versuchen, für Sie diese Laute einmal nachzuahmen.“

Damit erhebt sich der alte Herr umständlich aus seinem Ledersessel, schaut noch einmal selbstgefällig in die Runde, legt seine Hände an den Mund und holt tief Luft.

Als dann ein herzzerreißendes, lautes Gebrumme durch das ganze Haus ertönt, öffnet sich die Tür des Nachbarzimmers. Die Dame des Hauses erscheint und fragt zaghaft: „Hast Du mich gerufen, Liebling?“

# Gesas großer Auftritt

Dicke Dunstfahnen der Kälte quellen aus den Mündern der Jäger, Treiber und Bläser, flattern schwebend über ihre roten Hutbänder davon und lösen sich in der kalten Luft unsichtbar auf – Treibjagd!

Meine kleine Münsterländerin Gesa, dem Stammbaum nach können ihre Ahnen schon die türkischen Horden vor Wien verbellt haben, ist gewiss nicht der beste Jagdhund, den ich bisher hatte, aber mit Abstand mein bester Jagdfreund. Sie sitzt unbeteiligt, eher gelangweilt neben mir, als die Bläser unter der jaulenden und kläffenden Begleitung einiger Hunde Begrüßung blasen. „Manchmal beneide ich den genialen Beethoven, meinen Lieblingskomponisten“, äußere ich bei den Jagdhornklängen. Verständnislos schaut mich mein Nachbar an und grinst, als ich fortfahre: „Der war taub!“

Alles lauscht dann der Ansprache des Jagdherrn, 23 Jäger und 46 noch blanke Flintenläufe warten ungeduldig auf das Signal „Aufbruch zur Jagd“. Vorher aber kommt, wie immer, wenn die Hörner erklingen, Gesas großer Auftritt.

Ich ziehe meinen alten Hut vom Kopf, Gesa nimmt ihn ohne Aufforderung in den Fang – sie kennt das Spielchen schließlich – und setzt sich mit treuem Augenaufschlag, wie ihn wohl nur ein Hund hervorzuzaubern vermag, vor meinem Nachbarn auf die Keulen. Der kennt das Spiel auch, wirft amüsiert eine Münze in den Hut, und die Hündin eilt schwanzwedelnd zum nächsten Jäger.

Dieser ist das erste Mal auf einer Jagd, an der auch meine Hündin teilnimmt. Verunsichert schaut er in die Runde, erkennt unter den grünen Hüten nur grinsende Gesichter, sucht sodann umständlich in seinen Taschen und wird, während Gesa ihn mit treuem Augenaufschlag auffordernd anschaut, fündig. Eine zweite Münze wandert in den Hut, während der Nachbarjäger bereits verstohlen in seinen Manteltaschen herumkramt.

Als sei das alles selbstverständlich, schreitet Gesa würdevoll von einem Schützen zum anderen, setzt sich erwartungsvoll vor ihm hin und kommt schließlich mit (manchmal) gut gefülltem Jagdfilz wieder zu mir zurück.

(Fast) alle Jäger freuen sich über diese Einlage und die Treiber auf das von der Sammlung bezahlte Freibier. Auch in manch einer Gastwirtschaft hatte ich mitunter schon unerwartete Erfolge, wenn Gesa mit treuherzigem Augenaufschlag von Tisch zu Tisch ging und sammelte.

Auf einer Treibjagd mit ihr und meiner Tochter Trixi in den noch mit Niederwild gesegneten Gemüsegebieten von Bardowick vor den Toren Lüneburgs tat sich die Hündin nicht nur als „Sammlerin“, sondern auch als besondere „Apporteurin“ hervor.

Die Stimmung war fröhlich. Einige Hunde tobten ausgelassen weit voraus über die Felder. So fest, wie der Glaube mancher Zeitgenossen an die Treue des Hundes, so unerschütterlich scheint mitunter auch die Überzeugung, dass der beste Freund des Menschen stocktaub sei. Es wurde jedenfalls kaum geschossen, dafür aber viel nach Hunden gerufen und laut gepfiffen. Gesa benimmt sich unter der konsequenten Führung meiner Tochter als einer der wenigen Hunde fast vorschriftsmäßig. Schon Tucholsky wusste ja: „Der eigene Hund macht keinen Lärm, er bellt nur.“

In breiter Front stapften wir über die verschneiten Felder. Links vor mir ging meine Tochter mit der Hündin am Riemen, rechts ein älterer Jäger, der die junge Dame und ihren tadellos abgeführten Hund bereits bei der Begrüßung auffallend bewundernd angeschaut und sich mir gegenüber sehr lobend über das hübsche Gespann geäußert hatte.

Eben dieser Jäger verhoffte plötzlich und rief Trixi mit ihrem Hund zu sich heran. „Ungewöhnlich, nicht korrekt“, so mag es meiner Tochter durch den Sinn gegangen sein, aber dann folgte sie doch, zumal mehrere Schützen zu dem Rufenden eilten. Der Grund war ein Hase, den der Mann vor sich in der Sasse entdeckt hatte. Trixi sollte ihn erlegen.

Flink näherten sich die Jäger von verschiedenen Seiten mit schussbereiten Flinten dem sich drückenden Meister Lampe. Der verängstigte Mümmelmann drückte sich im Vertrauen auf seine Tarnfärbung, die ihm jedoch bei der Schneelage nichts nützte, noch tiefer in seine Sasse.

Weil man nun einen Hasen nicht im „Pott“ schießt, zumindest nicht vor Zuschauern, standen sich die vier Jäger für Augenblicke ratlos gegenüber, bis einer von ihnen seinen Hut nach dem Krummen warf. Der Hase blieb fest in der Sasse liegen. Zwei Jacken wurden nach ihm geworfen – Meister Lampe ging später deswegen als „Striptease“-Hase in die Reviergeschichte ein –, doch wieder ließ er sich nicht merklich beeindrucken. Ein weitere Jäger näherte sich und warf seinen Hut nach dem nervenstarken Mümmelmann, und nun überstürzten sich die Ereignisse, sodass wahrscheinlich niemand den weiteren Ablauf genau verfolgen konnte.

Als der Hut durch die Luft segelte, fasste Gesa dies als Aufforderung zum Spiel auf, befreite sich rückwärts zerrend aus ihrer Halsung, stürmte auf den Jagdfilz los und brachte ihn der verdutzten Trixi.

Später wurde zwar behauptet, der Hut hätte genau den Hasen getroffen, der sei mit der Kopfbedeckung über den Löffeln davon geflüchtet und hätte, seines Sehvermögens beraubt, einen der Jäger fast umgerannt. Dieser hätte nicht schießen können, weil Meister Lampe zu nah war, und die anderen hätten nicht in Anschlag gehen können, ohne ihre Mitjäger zu gefährden. Da ich alles aus nächster Entfernung mit ansah, weiß ich aber, dass das Geschehen anders und viel weniger spektakulär verlief: Der Hase hatte sich auch während Gesas Auftritts nicht geregt und nutzte ganz zuletzt geschickt die Ablenkung der erstaunten Jäger, um seinen Balg in Sicherheit zu bringen, ohne dass ein einziger Schuss fiel.

# Die Äsche seines Lebens

Nach der Hetze des Alltags Ruhe am Wasser zu suchen, das ist Karls Bestreben. Frohgemut schwingt er sich auf sein Fahrrad, Fliegenrute, Gummistiefel und Angeltasche mit dem wohlsortierten Fliegensortiment sind auf den Rücken geschnallt, munter tritt er in die Pedale und radelt zur Örtzebrücke. Nicht minder ausgelassen springt Caesar, der Weimaraner von Herrn Bostelmann, neben ihm her.

Der Hund hat Onkel Karl schon manches Mal zum Fischwasser begleitet, und der Onkel ist froh, jemanden zu haben, mit dem er sich unterhalten kann, der nicht immer widerspricht oder alles besser weiß, sondern dem großen Angler einfach zuhört.

An der Brücke angelangt, werden geruhsam der Drahtesel an einer der alten Eichen abgestellt, die Rute zusammengesteckt und ein großer silberner Blinker an die Angelschnur geknotet, und während Caesar auf der benachbarten Viehkoppel nach Mäusen gräbt, wandert Karl gemächlich stromabwärts und behält dabei in der Hoffnung, eine Stelle zu finden, an der eine Äsche springt, die Wasseroberfläche immer im Auge.

In der ersten Kurve des kleinen Heideflüsschens, dort wo die Strömung besonders stark ist und kaum Wasserpflanzen stehen, ist es mit der Ruhe und Beschaulichkeit des passionierten Anglers dann auch schlagartig vorbei. Was da nämlich soeben aus dem Wasser springt und mit lautem Platschen wieder in das nasse Element zurückfällt, muss ein Riesenfisch sein. Nur die sich stetig vergrößernden Ringe auf der Wasseroberfläche beweisen, dass Karl sich nicht getäuscht hatte: Dort, mitten in der Strömung, steht eine kapitale Äsche, registriert er hocherfreut!

Sofort hat Karlchen „Blut" geleckt. Tief geduckt entfernt er sich etwas vom Wasser, will eine seiner bewährten Äschenfliegen am hauchdünnen Vorfach befestigen, doch dann besinnt er sich eines Besseren: Massenweise schwirren nämlich Grashüpfer vor seinen Füßen fort, und so hängt schon bald eines der kleinen Tierchen am winzigen Zwölfer-Haken.

Mit klopfendem Herzen schleicht er behutsam zurück zum Flussufer, und Augenblicke später segelt mit leichtem Rutenschwung, vom Wind begünstigt, der Köder auf die Wasseroberfläche, wo er strampelnd stromab gleitet.

„Das Schönste am Fliegenfischen ist doch die Erwartung", denkt Karl, während seine Blicke gebannt die Schnur, die unter den überhängenden Büschen dahintreibt, verfolgen.

Da bemerkt er hinter seinem kleinen Köder eine Bugwelle, verspürt einen scharfen Ruck, und in einer Explosion von aufschäumendem Wasser verschwindet der Grashüpfer von der Oberfläche. Schon folgt der Anhieb, und dann springt ein großer Fisch aus der Strömung.

Für einen unvergesslichen Moment sieht Karl die kapitale Äsche in der Luft, die Rolle knarrt, die Rute biegt sich, noch einmal springt der riesige Fisch aus den glitzernden Fluten, dann zieht er stetig stromaufwärts. Als Karl weniger Schnur gibt, macht die Äsche stürmisch kehrt und zieht flussabwärts.

Immer mehr Leine muss der passionierte Angler nun freigeben, behält dabei aber mit der gesenkten Rute stets Fühlung mit dem starken Fisch, spult dann einige Meter auf, muss wieder nachgeben, und mit kraftvollem, stetigem Zug holt die Äsche noch einmal Meter um Meter von der Rolle. Noch ein kurzer Luftsprung, dann schwingt die Schnur hin und her – der Fisch ist merklich müde geworden.

Verzweifelt sucht Karl nach einem günstigen Platz am Ufer, um seine Beute sicher zu landen. Keiner seiner Anglerfreunde ist weit und breit zu sehen, überlegt er, keiner wird ihm in dieser schweren Stunde mit einem Käscher zur Seite stehen. Nur Caesar ist herbeigesprungen und beobachtet gelassen mit wedelnder Rute die Situation.

Karl hat weder einen Käscher noch ein Gaff – aber er hat Glück, großes Glück, und das nahezu Unglaubliche gelingt ihm schließlich: Die kapitale Äsche ist so müde gedrillt, dass sie sich fast mühelos von ihrem Bezwinger bis vor seine Stiefel ins seichte Wasser ziehen lässt.

Flink ist die Rolle blockiert. Behutsam greift Karl seiner Beute in die Kiemen, wirft die Rute mit der anderen Hand ins Wasser und will die Böschung hinaufklettern.

Eng umschlungen drückt er mit beiden Armen seinen Traumfisch an sich, während der wild mit der Schwanzflosse um sich schlägt. Karls Herz schlägt bis zum Hals, was werden seine Anglerkameraden sagen, wie werden sie staunen...!

Da kommt Caesar, der Karls Verhalten als Aufforderung zum Spiel missdeutet und springt ins Wasser – und schnell hat sich die kurze Schnur zwischen Rutenende und der Äsche in Karls Armen um die Läufe des Hundes gewickelt.

Laut kläfft Caesar auf, jault, zerrt an dem für ihn unsichtbaren Hindernis und zieht dabei dem völlig überraschten Angler die Äsche über die Schulter und die Böschung wieder hinunter. Schon platscht sie zurück ins Wasser, rollt über zwei große Kieselsteine, schlägt noch einmal wild mit der Schwanzflosse und verschwindet auf Nimmerwiedersehen.

Die Örtzeäschen werden selten schwerer als anderthalb Kilogramm. Glaubt man aber Onkel Karl, dann wog diese „vorneweg" ihre vier Kilo.

# Der „gerupfte" Jäger

Den Erzählungen nach erlegte mein Urgroßvater auf seinem Besitz in der Lüneburger Heide im Herbst während der Suche mit seinem Hund noch zahlreiche Birkhähne, und noch Mitte der 60er Jahre des vergangenen Jahrhunderts balzte in Norddeutschland Birkwild.

Ich erinnere mich noch sehr genau daran, dass auch auf den ausgedehnten, großen, unberührten Heideflächen im Revier des Nachbargutes, das meinem Großonkel Franz v. Harling, Landforstmeister i. R., gehörte, jedes Jahr während der Balz ein bis zwei Spielhähne erlegt wurden. Diese Abschüsse waren allerdings nur sehr guten Freunden des alten Jagdherrn vorbehalten.

Wieder war es soweit. Ein entfernter Onkel hatte einen Hahn freibekommen und harrte die halben Nächte im vorbereiteten Schirm bei strengem Frost stundenlang aus, um den entscheidenden Augenblick, in dem der junge Tag des Vorfrühlings ganz allmählich die Nacht in Moor und Heide vertreibt, nicht zu verpassen, und schon beim dritten Ansitz konnte er einen Spielhahn erlegen.

Immer wieder strich er ihm voller Dankbarkeit für das unvergessliche Erleben über das blauschwarze Gefieder und die prächtig gekrümmten Sicheln und freute sich an den leuchtend roten Rosen. Lange blieb er so noch gedankenverloren in seinem Schirm im Moor sitzen, malte sich dabei bereits aus, wie und wo er seine Beute fachgerecht präparieren lassen und an welcher Stelle er sie in seinem Hause aufstellen sollte, damit der kleine schwarze Ritter ihn jeden Tag aufs Neue wieder an diesen wunderschönen Morgen erinnere.

Erst am frühen Vormittag kam er überglücklich wieder zum Gut zurück und meldete meinem Großonkel voller Stolz sein Waidmannsheil. Bei bester Stimmung frühstückten die beiden alten Herren dann ausgiebig, wobei die Birkhahnbalz das beherrschende Thema war. Anschließend legte sich der Gast einige Stunden aufs Ohr, um den versäumten Schlaf nachzuholen.

Von seinem Birkhahn hatte sich der Onkel nur schweren Herzens trennen können und seine Trophäe einem der weiblichen dienstbaren Geister des Gutes mit der Bitte anvertraut, sie bis zu seiner Abfahrt im Keller kühl zu lagern.

Als der Schütze seinen Mittagsschlaf beendet hatte und in den Wildkeller hinabstieg, um seinen Hahn zu holen, fand er ihn nicht vor. Lediglich ein riesiger dunkler „Italiener“ Hahn sowie ein paar gerupfte und gebrühte Suppenhühner lagen auf dem Tisch. So stieg er die steile Treppe wieder hinauf, um bei der Hausfrau nachzufragen, wo sein gutes Stück geblieben wäre. In dem festen Glauben, dass die Beute unten lagere, ging diese mit ihm gemeinsam noch einmal in den Keller, und suchte intensiv in allen Ecken des dämmerigen Raumes, ohne Erfolg. Als sie auf ein besonders großes, nacktes Stück Geflügel stieß, befiel sie lähmendes Entsetzen.

Voll banger Ahnung murmelte meine Großtante nur noch: „Sie wird doch nicht...?“, eilte die Treppe wieder hinauf und rief mehrmals laut: „Marie, Marie!“, worauf eine der Hausangestellten erschien und auf die Frage, wo denn der Birkhahn geblieben sei, die präzise Antwort gab: „Sei heppt mi doch uptragen, düssen swatten Hahn tao ruppen.“ (Sie haben mir doch aufgetragen, diesen schwarzen Hahn zu rupfen.) Neben den gerupften Suppenhühnern lag nur noch der prächtige, dunkel gefiederte Italiener Hahn, aber kein Birkhahn.

Dem Freund meines Großonkels verschlug es fast die Sprache, und als er nach dem Verbleib der Federn fragte, sagte Marie, die unschuldige gute Seele, treuherzig: „De hebb ick mit dat Brühwoter op den Mist goten.“ (Die habe ich mit dem Brühwasser auf den Mist gegossen.)

## Telefon als Liebestöter

In fröhlicher Runde, wir waren alle schon ein wenig in weinseliger Stimmung, gab mein Nachbar die folgende Geschichte zum Besten:

„Onkel Hagen ist nicht mein Onkel, aber wahrscheinlich wird er von vielen seiner Freunde ‚Onkel‘ genannt, weil er über zwei Meter groß ist und mehr als zwei Zentner auf die Waage bringt. Knapp zehn Jahre älter als ich, verbrachten wir große Teile unserer Jugendzeit gemeinsam, und haben auch mehrere Jagdreisen zusammen unternommen. Onkel Hagens Hauptbeschäftigung ist zwar das Jagen, um aber den Lebensunterhalt für seine Frau, seinen Hund und sich selber zu verdienen, übt er auch den Beruf eines Tierarztes in einem kleinen westfälischen Dorf aus.

Onkel Hagen ist – nach mir! – der gutmütigste Mensch, dem ich je begegnet bin. Nicht nur die Bauern der Umgebung schätzen ihn sehr, sondern auch die gesamte Dorfbevölkerung bittet ihn um Rat, wenn sie Probleme mit ihren vierbeinigen Lieblingen haben.

Ich weiß nur von einem Fall, dass Onkel Hagen, damals noch jung verheiratet, aus seiner großen Haut fuhr und etwas ungehalten reagierte. Das trug sich folgendermaßen zu:

Am Sonntag Nachmittag, für einen Tierarzt gibt es ja auf dem Lande keinen Feierabend, klingelt das Telefon. Die Nachbarin des Tierdoktors, eine ältere, sehr betuliche Dame, deren einziger Lebensinhalt darin bestand, ihre gut genährte kleine Mischlingshündin ‚Tessa' zu pflegen und zu verwöhnen, meldet sich völlig aufgelöst am anderen Ende der Leitung: ‚Herr Doktor, was soll ich denn bloß machen, die Tessa ist heiß, und nun streunt der Jagdhund von nebenan immerzu durch unseren Garten und versucht was mit meiner Tessa anzufangen.'

‚Dann nehmen Sie doch einfach einen Besen, vertreiben ihn und schreien Sie ihn man ordentlich zusammen', erwidert Onkel Hagen freundlich und legt den Hörer auf, nachdem sich die empörte Nachbarin überschwänglich für den guten Rat bedankt hat.

Kaum zehn Minuten sind vergangen, da schrillt das Telefon erneut. Wieder ist es die nun völlig aus der Fassung geratene Herrin der kleinen Tessa.

‚Herr Doktor, während wir eben telefonierten, hat sich der Rüde ins Haus geschlichen, und nun sitzt er auf meiner armen Tessa. Ich habe ihm mit dem Besenstiel gedroht und alles versucht, um ihn zu vertreiben, aber die beiden lassen sich einfach nicht voneinander trennen. Was soll ich denn jetzt bloß noch tun?'

Onkel Hagen bewahrt Haltung. Obwohl er bereits etwas genervt ist, redet er beruhigend auf die aufgebrachte Hundehalterin ein und gibt schließlich den guten Rat, einen Eimer eiskaltes Wasser über das Paar zu schütten, das würde beide abkühlen, ihren Sinn auf andere Beschäftigungen lenken und die Situation retten. In der Hoffnung, das lästige Tessa-Problem nun endgültig und zu aller Zufriedenheit aus der Welt geschafft zu haben, zieht er sich wieder zurück.

Aber die Ruhe im Hause des Tierdoktors währt an diesem Sonntag nicht lange. Nach weiteren zehn Minuten klingelt die Glocke des Telefons nämlich zum dritten Mal an diesem Nachmittag und wieder ist es die unglückliche Nachbarin: ‚Herr Doktor, Herr Doktor, es hat nicht funktioniert, ich bin ganz verzweifelt', meldet sie sich, nur mühsam ihre Tränen unterdrückend, ‚alles habe ich versucht, meine ganze Wohnung steht schon unter Wasser, aber die beiden lassen sich davon überhaupt nicht beeindrucken, ich bekomme sie nicht auseinander, was kann ich bloß noch tun?'

Und dann passiert das, was wohl niemand dem geduldigen Onkel Hagen je zugetraut hätte – er wird wütend und schreit in den Hörer: ‚Gehen Sie zu dem Rüden und sagen Sie ihm, er werde am Telefon verlangt!'

Kurzes Schweigen am anderen Ende der Leitung, und dann fragt eine verschüchterte Stimme unsicher: ‚Und sie meinen wirklich, das hilft?' Unbeherrscht brüllt der Doktor darauf in den Hörer: ‚Liebe Frau Nachbarin, bei mir jedenfalls hat es in der letzten halben Stunde dreimal geholfen!'"

## Der Trumpf-Aal

Dort, wo die Örtze links und rechts von Koppeln begleitet wird und nur vereinzelt einige Erlen am Ufer stehen, unter denen das Vieh im Sommer faul im Schatten liegt oder sich an der Rinde der Baumstämme scheuert, findet der Angler Erfolg versprechende Aalgründe. Es sind die vielen Fliegen, Mücken und anderen Insekten, die in der Nähe der Kühe, Pferde oder Rinder herumschwirren, mitunter ins Wasser fallen und so die Fische anlocken.

Onkel Karl hat, um speziell Aale anzuködern und seine Vereinskameraden auszutricksen, zu einer List gegriffen. Die Anglerkameraden bemerken seine Idee erst, als es schon zum Himmel stinkt.

An einer der Erlen, die sich weit über das Wasser lehnen, hängt ein alter Drahtkorb, so wie er früher zum Einsammeln von Kartoffeln benutzt wurde. Dieser Korb ist von Onkel Karl zum Luderplatz umfunktioniert und mit dem frischen Aufbruch eines Rehbocks bestückt worden. Pansen, Därme, Milz und Lunge stinken vor sich hin, bieten zahllosen Insekten willkommene Brutmöglichkeiten, und schon wenige Tage nach Fertigstellung des Werks wimmelt es in dem Aas so von zahllosen Larven und Eiern, dass alle Augenblick einige von ihnen ins Wasser plumpsen.

Ein lauer Sommerabend ist es. Walter und Onkel Karl haben sich an der Örtzebrücke getrennt. Walter ist flussaufwärts, Karl stromab zu seinem Korb gepirscht. Um 22.00 Uhr will man sich wieder an der Brücke treffen.

Geruhsam richtet der Onkel sein Geschirr, und schon fliegt der erste Haken, bestückt mit einem dicken Tauwurm, unter der ausgespülten Böschung vor den Erlenwurzeln, wo kaum Strömung herrscht, ins Wasser. Der zweite und dritte Haken folgt, wohlgefällig ruhen nun Onkel Karls Blicke auf den drei dicken rot leuchtenden Posen, die geruhsam auf der Wasseroberfläche vor sich hin dümpeln.

„Ha, dem Walter will ich doch einmal zeigen, wie man Aale fängt“, grübelt der Onkel. Kürzlich hat er sich nämlich sehr über seinen Anglerkameraden geärgert. Eine Kleinigkeit ist es nur gewesen. Es ging um Aale. Walter behauptete, einen mindestens Sechspfünder an der Angel gehabt zu haben. Da der Käscher zusammen mit den restlichen Angelsachen aber über zweihundert Meter entfernt hinter der nächsten Flussbiegung lag, musste Walter seinen Fang damals ohne Hilfsmittel landen. Dabei war es dann geschehen: Der kapitale Fisch hatte den Haken wahrscheinlich nicht tief genug geschluckt, jedenfalls hatte er sich laut Walter von der Angel gelöst. Nur einen Meter von ihm entfernt war das angebliche Prachtexemplar wieder ins Wasser zurück geglitten.

Heute ist ein herrlicher Abend. Als die Dämmerung langsam über die Weiden schleicht und sich erste Nebel über dem Wasser bilden, schaut Onkel Karl zur Uhr. Noch eine Stunde hat er Zeit und schon fünf Aale gefangen. „Walter wird Augen machen“, denkt er zufrieden.

Als er gegen 21.30 Uhr sein Geschirr zusammenpackt, zählt er neun Aale in seiner Tasche. Zwar wiegt keiner über ein dreiviertel Pfund, aber es ist eine Strecke, wie er sie an der Örtze noch nie an einem Abend gefangen hat. Gewiss hat der Köderkorb hierzu maßgeblich beigetragen. Selbstgefällig schlendert Onkel Karl mit seiner Beute am Ufer entlang dem vereinbarten Treffpunkt entgegen.

Neid ist eine der wenigen schlechten Eigenschaften, die Walter nicht besitzt, Onkel Karl ist jedoch anders veranlagt. Mit einer an Überheblichkeit grenzenden Geste nimmt er seine neun kleinen Aale aus dem Korb, legt im hohen Gras Strecke und wartet auf die Reaktion seines Angelfreundes. Der greift in seine Angeltasche und präsentiert ein wahres Untier von Aal, vier Pfund mindestens wiegt es.

Onkel Karl verschlägt es die Sprache. Mit so einem Trumpf hat er nicht gerechnet. Hörbar muss er schlucken, dann hat er sich wieder einigermaßen gefasst: „Was, nur den einen? – Ich habe neun!“

„Observatorium“

„Die Schrecksekunde“

# Auf gute Nachbarschaft

Mein Jagdfreund Paul hatte einen Jagdaufseher gleichen Namens. Dieser urwüchsige, grundehrliche und hoch passionierte Mann war seinem Jagdherrn treu ergeben. Wenn es aber um das Wohl des von ihm betreuten Waldrevieres ging, agierte er mitunter auch schon mal gegen dessen Willen.

Revierinhaber Paul legte nun stets besonderen Wert auf ein gutes Verhältnis zu seinen Nachbarjägern. Das konnte mitunter zu kleinen Probleme führen, jedenfalls für Jagdaufseher Paul, wenn der seinem Jagdherrn besonders treu dienen wollte.

Jagdhelfer Paul glaubte, jeden Rehbock im weiten Umkreis zu kennen, und er war der felsenfesten Ansicht, dass alle Rehe aus den angrenzenden Feldrevieren, die sich im Winter einmal bis zu einer seinen Fütterungen im Walde verirrten, ihm, respektive seinem Jagdherrn, gehörten. Bei jedem Schuss, der jenseits der eigenen Reviergrenzen fiel, litt er große Qualen.

Als Frührentner hatte er viel Zeit zum Beobachten und sich um „sein“ Wild zu kümmern. Da er zudem fast immer guter Laune und stets zu einem Spaß aufgelegt war, fanden ihn alle Jäger der Nachbarschaft sympathisch und suchten gern seine Nähe.

Vor einigen Jahren merkte ich, dass mit Paul etwas nicht stimmte. Seine Fröhlichkeit hatte nachgelassen, und er mied die Geselligkeit. Es bedurfte mehrerer gemeinsamer Pirschgänge und Ansitze, bis ich herausbekam, was den guten Menschen bedrückte: Es war die Sorge um einen zwar noch jungen, aber bereits kapitalen Rehbock, der von Januar bis März regelmäßig in „seinem“ Revier an der Fütterung am Skilift gestanden hatte, dann aber plötzlich verschwunden war.

Kürzlich habe er ihn jedoch im Revier des Nachbarn gesehen und fürchtete nun, dass dieser ihn spätestens am 1. Mai auf die starke Decke legen würde, erzählte mir Paul betrübt und ratlos zugleich. „Was soll ich bloß tun?“ Wie ein Häufchen Unglück saß er neben mir, und auch ich wusste keine Lösung zur Beseitigung seiner „Verlustängste“.

„Paul, Angriff ist die beste Verteidigung“, sagte ich schließlich zu ihm, „gehe doch einfach mal zu dem Nachbarn rüber. Dessen Pacht läuft zwar in drei Jahren aus, sodass es wohl verständlich wäre, wenn er den starken Bock schösse, zumal er wegen allerlei Querelen mit seinen Jagdgenossen die Jagd wahrscheinlich nicht wieder bekommt, aber ein ehrliches Wort hat noch nie geschadet. Vielleicht wird er den Bock schonen, wenn Du ihm erklärst, dass es im Interesse aller angrenzenden Reviere ist, so einen hoffnungsvollen Vererber noch ein paar Jahre älter werden zu lassen.“ Paul beruhigt sich daraufhin sichtlich und setzte viel Hoffnung in diesen Rat.

Gesagt, getan. Man traf sich und redete nach kurzer Einleitung ganz offen über den Bock. Der Nachbar kannte ihn längst, schätzte ihn auch als viel versprechenden Zukunftsbock ein, wusste, dass er im Sommer den Einstand in seinem Revier hatte, wohingegen er im Winter bei Paul stand, und schon bald kam man überein, ihn wegen seines jugendlichen Alters noch leben zu lassen.

Paul fiel ein Stein vom Herzen. Erleichtert, aber nicht ganz uneigennützig verbreitete er sogleich bei allen seinen Jagdfreunden in der Umgebung, welch gutes Verhältnis er zu dem Nachbarn habe und was für ein Glück es für ihn sei, einen so ehrlichen, weit voraus blickenden Waidmann seinen Freund nennen zu dürfen.

Der jedoch fühlte sich seitdem stets beobachtet, wenn er an der Grenze ansaß, und bereute seine Zusage spätestens, als im Jahr darauf der Bock in den Wintermonaten wieder im fremden Revier an Pauls Fütterung stand, sich nach der Notzeit aber in das Feldrevier umstellte. Die Abmachung, ihn nicht zu erlegen, wurde dennoch erneut zwischen den beiden Jägern besiegelt.

Im darauf folgenden Jahr war man sich zwar einig darüber, dass es nun langsam an der Zeit wäre, den immer noch Kapitalen nach der Blattzeit zu strecken, und dass dies nur in dem Revier des Nachbarn möglich wäre, dessen Pacht nun bald auslief. Paul überredete den Nachbarn aber, den Bock weiterhin zu schonen, da man ihn doch schon so lange kenne und im Laufe der Jahre eine ganz besondere Beziehung zu ihm aufgebaut habe.

Paul hatte natürlich nur eines im Sinn: wie er den Bock für seinen Jagdherrn retten könnte, zumal dieser bereits seit langem den Wunsch hegte, als Nachfolger das Revier des Nachbarn zu pachten.

Doch dann erhielt Paul böse Nachrichten. In seinem Waldrevier hatte ein Jagdgenosse zum Ende der letzten Jagdzeit auf Rehböcke direkt an der Grenze eine Kultur angelegt, und die frisch gepflanzten Bäumchen waren im Laufe des Frühjahrs und Sommers fast gänzlich von eben diesem Bock verfegt und geschlagen worden. Kaum eines war verschont geblieben, und der geschädigte Landwirt forderte energisch, den Übeltäter noch vor dem 15. Oktober zu schießen. – Nun war guter Rat teuer.

Pauls Jagdnachbar zeigte sich jedoch generös, hoffte er nun doch, als krönenden Abschluss der Jagdpacht in seinem Revier noch seinen Lebensbock schießen zu können. Deshalb übergab er Paul einen stattlichen Geldbetrag zur Begleichung der entstandenen Schäden, um den aufgebrachten Grundbesitzer zu beruhigen. Im Gegenzug willigte Paul schweren Herzens in die Aufhebung der mündlichen Verabredung zur Schonung des Bockes ein, sodass der nunmehr frei war.

Schon bald frohlockte Paul, denn der so lange Geschonte stand in der folgenden Zeit, wie jedes Jahr, wieder in seinem Revier, und so sehr sich der Nachbar auch bemühte, ihn zu erlegen, bis zum Ende der Pachtperiode blieb der Bock unbehelligt in Pauls Waldrevier. Doch damit nicht genug! Schlitzohrig, wie Paul war, hatte er das ihm anvertraute Geld nicht dem offensichtlich Geschädigten übergeben, sondern einem Jagdgenossen des zur Verpachtung anstehenden Feldrevieres, der bei der Neuvergabe ein gewichtiges Wort mitzureden hatte. Dies mit dem Hinweis, ein Reh hätte doch in seinem Schlag beträchtlichen Schaden angerichtet, und dieses Reh sei regelmäßig aus seinem Waldrevier auf die Felder gezogen, sodass er, Paul, im Sinne einer guter Nachbarschaft selbstverständlich dafür aufkäme.

Dem so Beschenkten war dies eher unangenehm, hatte er doch auf seinen Flächen nie auch nur den kleinsten Schaden bemerkt. Paul jedoch drängte ihm das Geld so geschickt auf, dass man kurz danach in bester Freundschaft wieder auseinander ging und so ganz nebenbei feststellte, dass der Zuschlag für die Neuverpachtung des Feldrevieres an einen so großzügigen Jagdpächter wie Pauls Jagdherrn doch eine Selbstverständlichkeit wäre.

Letzterer erhielt dann nicht nur den Zuschlag bei der Neuverpachtung, sondern schoss im nächsten Jahr auch noch den starken Bock in seinem neuen Revier. Zwar war er nicht mehr so kapital wie in den Jahren zuvor, aber doch der stärkste auf der Hegeschau.

Es sind nicht immer die geradesten und kürzesten Wege, die zum Ziel führen. Aber, wie heißt es schon bei Wilhelm Busch: „Ob ein Minus oder Plus / uns verblieben, zeigt der Schluss."

Eines aber ist sicher: Ich bin froh, Paul als Freund und nicht als Jagdnachbarn zu haben.

## Ein Drilling mit Geschichte

Mein Onkel Wolf-Christian, kurz WC genannt, besitzt einen wunderschönen Drilling – keine gewöhnliche Waffe mit starken Gebrauchsspuren, wie sie früher viele Bauern bei uns in der Lüneburger Heide führten, Erbstücke, die schon seit eh und je von Generation zu Generation weitergereicht und während des letzten Krieges vergraben wurden – sondern einen sehr gepflegten, fast neuen Seitenschlossdrilling.

Es ist ja nicht unbedingt etwas Ungewöhnliches, dass jemand ein wertvolles Gewehr besitzt. Für meinen Onkel allerdings ist es, vorsichtig ausgedrückt, schon bemerkenswert. Der stolze Besitzer ist nämlich einer der sparsamsten Menschen, die ich kenne. „Preußen ist durch Sparsamkeit groß geworden", pflegt er zu sagen, wenn er von uns wegen seines schon an Geiz grenzenden Verhaltens gefoppt wird, und das ist nicht selten.

Sein Geiz ging so weit, dass er mich auf seiner Treibjagd fürchterlich zusammenstauchte, als ich vor seinen Augen einen erlegten Hasen ausdrücken wollte, und mir diese Maßnahme der Wildbrethygiene kurzerhand verbot. Den Grund hierfür erfuhr ich auch sofort: Die Strecke solle nach Gewicht verkauft werden und der Inhalt einer vollen Hasenblase wiege ja schließlich auch etwas!

Von der Existenz seines neuen Drillings wussten die meisten von uns lange nichts.

Sonntag Mittag sitzen wir wieder einmal bei Manni Otte in der Gaststätte „Zur Post", trinken Bier und Schluck. Der Reihe nach bezahlt jeder von uns eine Runde, und bevor der Bierdeckel von Wolf-Christian vom Wirt mit den entsprechenden Strichen verziert werden soll, will jener sich flink verabschieden. Hastig erhebt er sich mit den Worten „Ich muss mal", um sich, wie an fast jedem Sonntag, vor dem Zahlen einer Runde Bier und Korn zu drücken.

Doch diesmal hat er die Rechnung ohne seinen Nachbarn Wilhelm gemacht. „Kain so een neegen Drilling har, sull ok en köpen." (Wer so einen neuen Drilling besitzt, kann ruhig auch eine Runde bezahlen.) Alle am Tisch horchen ungläubig auf. WC hat einen neuen Drilling? WC, der fast auf jeder Treibjagd seine Schrotpatronen vergisst, sich bei den anderen Schützen durchschnorrt und auf deren Kosten aufmunitioniert? WC, der so geizig ist, dass er seit dem Tod seines alten Spaniels „Gaius" keinen Jagdhund mehr hält, weil ihm der Kerl die „Haare vom Kopf fraß", dieser Wolf-Christian besitzt nun einen neuen Drilling?

Ich merke dem Alten an, wie unangenehm es ihm ist, dass Wilhelm geplaudert hat, doch nun ist das Geheimnis gelüftet, und aufgeregt schwirren Fragen nach der neuen Waffe durch den Raum.

Mein Onkel wird verdonnert zu bleiben und muss erzählen, wie er in den Besitz des Dreilaufs gekommen ist. Als er merkt, dass Widerstand zwecklos wäre, setzt er sich widerstrebend nieder, ergibt sich in sein schweres Schicksal und bestellt die nun unvermeidliche Runde.

Als es allmählich wieder ruhiger am Tisch wird und Fragen nach Lottogewinn, Erbschaft, ja sogar Banküberfall und Leihhaus allmählich verstummen, beginnt er von einer Anzeige in der Jagdzeitschrift zu erzählen, in der es hieß: „Hochwertiger Drilling, ausgesuchtes Schaftholz, Seitenschlossplatten, links Sauen, rechts Rotwild, 7x65 R-12/70 mit Zielfernrohr, Schrankwaffe, für 100 Euro abzugeben."

„Na, na, 100 Euro, da hast du dich wohl verlesen", werfe ich ein, „bei so einem Prachtstück muss man noch zwei Nullen an den Preis dranhängen", und die anderen stimmen mir bei.

„Das dachte ich auch", fährt Wolf-Christian fort. Seine buschigen Augenbrauen bewegen sich aufgeregt rauf und runter, als er mir Feuer für meine Zigarette hinhält. „Aber ich rief trotzdem unter der angegebenen Telefonnummer an, und am anderen Ende meldete sich eine Dame, die bestätigte, dass ich der Erste sei, der auf die Anzeige anriefe, und dass die Waffe noch zu haben wäre.

Als ich dann ganz beiläufig fragte, ob denn die Preisangabe korrekt wäre, wurde diese Frage ebenfalls bejaht, der Kauf noch am Telefon perfekt gemacht, und am folgenden Wochenende brauste ich mit zwei 50-Euro-Scheinen in der Brieftasche nach Hannover, um den Drilling zu holen."

Als die Frau ihm dann das gute Stück übergibt, handelt es sich tatsächlich um ein solches. Eine Luxuswaffe, wie WC sie noch nie vorher gesehen, geschweige denn in Händen gehalten hat. Ehrfürchtig streichelt er über den glänzenden Nussbaumschaft, die Goldeinlagen in der erhabenen Gravur und die makellose, tiefschwarze Brünierung der Läufe.

WC ist in der Regel und überall äußerst misstrauisch. Gegen seine sonstige Art gibt er nun aber der Frau freudig die beiden Banknoten und dabei rutscht ihm ungewollt heraus: „Ein sehr günstiger

Preis“, worauf er gleich relativiert: „Ich hoffe, die Waffe schießt auch wirklich so gut, wie Sie in der Anzeige angegeben haben, und hat keine Defekte.“ „Seien Sie unbesorgt“, beruhigt ihn die Frau, „es war die Lieblingswaffe meines kürzlich verstorbenen Mannes. Ich weiß, dass sie mindestens das 20-fache wert ist, aber das ist eine andere Geschichte.“

Mein Onkel hat es nun nicht mehr so eilig, die Waffe gehört ihm ja, und zu gerne wüsste er, was hinter der „anderen Geschichte“ steckt. Beiläufig fragt er nach, und seine Neugierde wird gestillt:

„Mein Mann war sehr genau in allem, was er tat, und so hat er auch in seinem Testament exakt festgelegt, wer nach seinem Tod was erben soll. Die Waffe, die nun Ihnen gehört, sollte ich nach seinem letzten Willen verkaufen, und der Erlös ist für seine ehemalige Sekretärin, eine alte Freundin von mir, bestimmt. Ich hatte mich nach der Testamentseröffnung über die Großzügigkeit meines Mannes gewundert, besonders als mir ein Büchsenmacher bestätigte, dass der Drilling gut und gerne 5.000 Euro wert sei, aber für mich stand fest, seinen letzten Willen zu respektieren.

Als ich dann weiter den Nachlass ordnete – mein Mann war wie gesagt sehr penibel – fand ich einige Briefe, unter anderem auch von meiner Freundin, seiner ehemaligen Sekretärin. Um es kurz zu machen: Ich fiel aus allen Wolken, als ich dabei erfuhr, dass die beiden ein Verhältnis und mich seit vielen Jahren betrogen hatten.

Aber ich bleibe dabei: Den letzten Willen meines Mannes respektiere ich und werde der Frau den Betrag aushändigen …“

## Alle Aufregung für die Katz

Jockel, ein Freund meines Sohnes, ebenfalls passionierter Jäger, hat einige Corpsbrüder zum Essen eingeladen, um sein endlich erfolgreich abgeschlossenes Examen zu feiern. Und das nicht zu knapp, zumal Mechthild, die seine Braut und zu seinem Leidwesen Katzenhalterin ist und in deren Wohnung das Fest stattfinden soll, nicht nur begeistert, sondern auch sehr gut und einfallsreich kochen kann und deshalb im Freundeskreis bekannt und beliebt ist.

Bei der Menüfolge gibt sie sich auch diesmal besonders viel Mühe, und das junge Paar werkelt den ganzen Tag bis kurz vor Ankunft der Gäste, um das Festessen für alle Beteiligten zu einem unvergesslichen Ereignis werden zu lassen.

Die Vorbereitungen gelingen perfekt. Die große Glasschüssel mit einer Vorspeise aus frischen Krabben in Mayonaise, garniert mit allerlei Kräutern, steht schon seit Mittag zum Abkühlen in einem Abstellraum neben der Nachspeise, und der Rehrücken brutzelt in der Ofenröhre.

Gut temperierter Rotwein ist in einer Karaffe mit Silberrand, einem Erbstück, dekantiert und verleiht der hübsch gedeckten Tafel etwas Festliches.

Die Gäste erscheinen pünktlich um acht Uhr und bald wird es Zeit, die Vorspeise auf den Esstisch zu stellen – da gellt ein wütender, ja verzweifelter Schrei durch die kleine Wohnung: „Mohammed!!!“ So heißt der Kater, und der sitzt im Abstellraum genüsslich auf seinen Keulen, putzt sich ausgiebig seinen Bart und schnurrt zufrieden vor sich hin.

Satt sein macht eben behaglich, und welcher Kater bekommt schon mal einen Krabbencocktail vorgesetzt? Letzterer steht, arg verunstaltet und mit den Abdrücken seines Gebisses dekoriert, vor Mohammed. Weniger zufrieden ist verständlicherweise die Hausfrau.

In ihrem Zorn macht sie Mohammed laut und unmissverständlich klar, in welche ausweglose Situation er sie gebracht hat. Der Kater versteht die Aufregung allerdings überhaupt nicht und will sich verdrücken.

Als Retter in der Not erscheint der Gastgeber. Er ist als Jäger überhaupt kein Katzenfreund, greift sich entschlossen den Stubentiger und setzt ihn schnurstracks unsanft vor die Tür. Er sieht die Angelegenheit jedoch gelassener als seine Braut, beseitigt mit dem edlen Silberlöffel die Fraßspuren der Mieze und serviert den Rest der Köstlichkeit seinen Gästen.

Bei Tisch ist jedermann begeistert und voll des Lobes über die köstliche Vorspeise, den delikaten Rehrücken, die herrliche Nachspeise und den guten Wein. Dessen Vorräte beginnen sich zu lichten, die Zungen einiger Corpsbrüder werden immer schwerer, und als sich die ersten Gäste spät verabschieden, äußert man übereinstimmend die Absicht, bald wieder zusammenzukommen, und beteuert noch einmal, dass das Essen köstlich und der Abend ein unvergessliches Ereignis war.

Als schließlich auch der letzte Gast verabschiedet und zu seinem Auto gebracht wird, entdeckt der Hausherr auf dem Rückweg ins Haus unter einem Busch die Katze – sie ist tot! Zunächst erwägt er, das Ende des geliebten Hausgenossen bis zum nächsten Morgen zu verschweigen, um die harmonische Stimmung des Abends nicht zu zerstören, entschließt sich dann aber, der Freundin die traurige Nachricht zu überbringen.

„Die Krabben!“, schreit die übermüdete Mechthild erschreckt und hält sich die Hand vor den Mund. „Mohammed hat die Krabben gefressen – die waren verdorben oder die Mayonaise von Salmonellen befallen, Mohammed hat sich vergiftet! Du musst etwas unternehmen, Jockel!“

Langsam dämmerte es auch Jockel, dass das, was eine Katze tötet, einem Menschen gewiss auch nicht gut bekommt. „Wir müssen alle sofort anrufen und umgehend ins Krankenhaus fahren“, reagiert Mechthild immer panischer, „stell dir vor, einer deiner Freunde stirbt an Salmonellenvergiftung.“

Gesagt, getan. Alle Freunde werden aus dem Schlaf geklingelt, und so trifft sich die ganze Gesellschaft eine knappe Stunde später in der Uniklinik wieder. Als endlich alles überstanden ist, verabschiedet man sich übermüdet, aber fröhlich ein zweites Mal an diesem Morgen und jeder fährt zurück nach Hause.

Es wird bereits hell, als Jockel und Mechthild daheim ankommen. Die Tageszeitung steckt bereits im Briefkasten und außerdem entdeckt Jockel einen Brief vom Nachbarn.

Erstaunt öffnet er ihn und liest, dass diesem spät abends, als er nach Hause kam, ein großes Malheur passierte: Mohammed sei ihm unter das Auto gelaufen, aber weil die beiden gerade ihre Gäste auf der Straße verabschiedeten, habe er es für rücksichtsvoller gehalten, die traurige Nachricht zu so später Stunde nicht mehr zu überbringen, und die Katze vorerst nur zur Seite gelegt. Es täte ihm ganz furchtbar leid, schloss der Brief.

## Hartnäckigkeit führt zum Ziel oder Reinhard Mey hat doch Recht

Ausdauer und Geduld gehören zu den wichtigsten jagdlichen Tugenden. Mein Sohn ist demnach ein sehr guter Jäger.

Ende März bat ich ihn, da er sowieso in der Stadt zu tun hatte, für mich einen neuen Jagdschein zu lösen. Doch der Mann auf dem Amt belehrte ihn, dass ein Jagdschein nur verlängert werden könne, wenn eine Bescheinigung der Versicherung darüber vorliegt, dass die entsprechende Prämie gezahlt sei.

„Nun gut", sagte mein Sohn enttäuscht, „dann seien Sie doch so nett und stellen mir darüber eine Bescheinigung aus, damit mein Vater sieht, dass ich zumindestens versucht habe, ihm zu helfen!" „Darüber darf ich keine Bescheinigung ausstellen", bekam er zur Antwort.

„Dann stellen Sie bitte eine Bescheinigung aus, dass Sie darüber keine Bescheinigung ausstellen dürfen", erwiderte mein Sohn hartnäckig.

Der Mann vom Amt schüttelte den Kopf: „Das verbieten meine Richtlinien, schicken Sie doch einfach ihren Vater vorbei."

„Der hat keine Zeit", konterte mein Sprössling, „stellen Sie mir einfach eine Bescheinigung aus, dass Ihre Richtlinien es Ihnen verbieten, eine Bescheinigung darüber auszustellen, dass sie keine Bescheinigung ausstellen dürfen."

Der Mann vom Amt bewahrte Fassung: „Es tut mir leid, aber das verstößt gegen die Vorschrift", wehrte er erneut ab.

„Also gut", lächelte mein Sohn und entgegnete: „Dann bitte ich sie eben um eine Bescheinigung, dass es gegen die Amtsvorschrift verstößt, wenn sie mir entgegen ihren Richtlinien eine Bescheinigung ausstellen, dass sie darüber keine Bescheinigung ausstellen dürfen."

Der Mann vom Amt wurde nachdenklich. „Da muss ich erst meinen Vorgesetzten fragen", stammelte er.

„Das ist doch nicht nötig", lächelte mein Sohn, „stellen Sie mir einfach eine Bescheinigung aus, dass sie erst ihren Vorgesetzten fragen müssen, ob es gegen die Amtsvorschrift verstößt, wenn sie entgegen ihren Richtlinien eine Bescheinigung ausstellen, dass sie darüber keine Bescheinigung ausstellen dürfen."

Verzweifelt suchte der Mann nach einer Antwort, stammelte etwas Unverständliches, lehnte sich in seinem großen Bürostuhl zurück, schaute nachdenklich aus dem Fenster, überlegte lange, und dann brach es völlig entnervt aus ihm heraus: „Okay, ich schreibe ihnen die Bescheinigung."

## Prost Blume!

Ich hatte gerade meinen ersten Jugendjagdschein gelöst, zählte also gerade 16 Lenze, als bei mir zu Hause August Theis sehr aktiv war. August war nicht nur auf jagdlichem Gebiet die Respektsperson unseres Dorfes. Er leitete überdies den örtlichen Männergesangsverein, blies selber im Posaunenchor und in der Jagdhorngruppe mit und als Wichtigstes: Er war Hegeringleiter, und dieses Amt übte er nicht nur sehr gewissenhaft, sondern auch mit unnachgiebiger Strenge aus.

August legte bei der Jagd großen Wert auf Tradition und Etikette. Wir Jungen achteten und fürchteten ihn zugleich. Fürchteten ihn deshalb, weil er jeden von uns gnadenlos zusammenstauchte, und das auch vor versammelter Mannschaft, wenn wir in Jeans – früher hießen diese Beinkleider noch Nietenhosen und kamen aus Amerika – zur Jagd erschienen oder wenn wir die Jägersprache nicht fachgerecht gebrauchten.

Ich erinnere mich eines Schüsseltreibens am Abend nach einer Jagd, als wir an einer langen Tafel im „Gasthaus zur Post" saßen. Am Ende der Tafel präsidierte August Theis. „Das Trinkgemäß, sobald es leer, macht keine rechte Freude mehr", zitierte er gerade Wilhelm Busch, und schon stand wieder ein mächtiges Glas Bier mit schäumender Blume vor ihm.

Einige Stühle weiter saß ein junger Mann, der zum ersten Mal an dieser Jagd teilgenommen hatte, aber nichtsdestoweniger nun mit seinen forschen Sprüchen die ganze Gesellschaft zu unterhalten versuchte. „Also", erzählte der junge Mann in überheblichem Ton, „ich stehe am Waldrand, und da kommt ein Hase aus dem Dickicht gerast, ich lege meine Flinte an, schieße und sehe genau, wie die Schrote auf seinem Hintern einschlagen, doch er nimmt die Beine in die Hand, macht seine Augen zu und läuft mit angelegten Ohren weiter, als sei nichts gewesen."

Das war dem alten Theis nun doch zuviel. Er zog ungläubig seine buschigen Augenbrauen hoch, seine dunklen Augen begannen zu blitzen, dann strich er über sein schütteres Haar, warf sich in die Brust und rief mit dröhnender Stimme über den Tisch hinweg: „Junger Freund, wenn Sie sich mit uns hier unterhalten wollen, dann wenden Sie gefälligst waidgerechte Ausdrücke an. Beim Hasen heißen die Augen Lichter, die Ohren Löffel, die Beine Läufe und das A...loch heißt Blume."

Dann erhob er sein volles Glas, schaute den jungen Mann geringschätzig an und beendete seine Standpauke mit: „Prost Blume!"

# Der ehrliche Lügner

Anfang der Achtzigerjahre verwaltete ich eine Schaf-Farm in Neuseeland und verdiente mir zusätzlich Geld durch den Abschuss von Rotwild, da nach dortigen Bestimmungen das Wildbret normalerweise dem Erleger zustand und viele Farmer froh waren, wenn auf ihren Ländereien Wild erlegt wurde. Rotwild gab es auf der „grünen Insel" damals in Hülle und Fülle, und meine Einnahmen stiegen dadurch beträchtlich über das monatliche spärliche Gehalt.

Auf der Farm arbeitete außer mir auch Nick, der als Maori von den Ureinwohnern Neuseelands abstammte. Arbeiten war allerdings nicht unbedingt seine Stärke. Er verstand sich sehr gut auf den Umgang mit Hunden, hielt vom Arbeiten aber sonst nicht viel, sondern saß lieber in der Sonne oder angelte. Selbst das Jagen war ihm zu mühsam, stattdessen trank er lieber Gin, und nur, wenn er niemanden fand, der ihm für den Kauf einer Flasche Wachholderschnaps Geld lieh, stieg er auch einmal in die Berge, um eine Sau oder ein Stück Rotwild zu erbeuten.

Aber Nick besaß noch eine weitere Gabe: Mit überzeugender Gestik und wortgewandter Rede verstand er es immer wieder, seine Mitmenschen geschickt hinters Licht zu führen.

Obwohl ich ihn und seine Absichten gut zu kennen glaubte, gelang es ihm, auch mir einen Bären – besser gesagt, einen Hirsch – aufzubinden.

Ich bin keinesfalls leichtgläubig und war Nick gegenüber gewiss immer besonders kritisch, aber was er mir damals anbot, klang so verlockend, dass ich der Versuchung nicht widerstehen konnte und ihm Glauben schenkte.

Als ich nämlich wieder einmal zur Jagd hinaus wollte, kam er gerade von dort zurück und berichtete von einem Hirsch, den er mir gerne für fünfzig Dollar überlassen würde. Ihn schmerze sein Kreuz und er könne das wertvolle Wildbret deshalb nicht herunterschaffen.

Ich witterte ein gutes Geschäft, gab ihm die 50 Dollar und Nick erklärte mir ausführlich, wie ich den Hirsch fände: „Folge dem

Pfad, gehe durch das erste Schafgatter und weiter bis zum zweiten. Wenn du dann nach Osten abbiegst, findest du nach ungefähr hundert Metern einen riesigen Mimosenbaum. Wenn du nun von diesem großen Baum aus nach Süden schaust, erkennst du einen dunklen, schwarzen Felsbrocken, der über das Gestrüpp hinausragt.

Gehe in diese Richtung weiter, dann wirst du nach ungefähr 400 Metern auf ein verstecktes Wasserloch stoßen, von dort gelangst du steil bergauf über eine nur mit Gras bewachsene Fläche zu einem dichten Gebüsch. Geh von dort weiter, dann wirst du einen alten, verfallenen Zaun finden und auf ein verrostetes Eisentor stoßen, das bereits der Großvater des Farmers gebaut hat. Daneben habe ich den Hirsch in einen hohen Baum gehängt."

Die Erklärung mag für manchen verwirrend klingen, war aber durchaus glaubwürdig, denn anders konnte man eine Wegstrecke in dieser urwüchsigen Landschaft kaum beschreiben.

Nicks Angaben waren präzise und einwandfrei, ich konnte nichts Hinterhältiges heraushören und machte mich also hurtig auf den Weg.

Wie beschrieben, fand ich den Mimosenbaum, den schwarzen Felsbrocken, das Wasserloch, ich überquerte die große, freie Fläche, ließ das Gestrüpp links liegen und stieß schließlich auf das verrostete Eisentor ... aber nicht auf einen Hirsch.

Zwar stand dort ein großer Baum, doch solange ich auch suchte, ein Hirsch war weit und breit nicht zu finden.

Schließlich stapfte ich ärgerlich den langen Weg zurück, verärgert über Nick und besonders über mich, weil ich auf ihn reingefallen war und wahrscheinlich die 50 Dollar abschreiben konnte. Der Rückmarsch erschien mir lang und unnötig – wäre ich doch bloß nicht so leichtgläubig gewesen!

Nick saß vor seiner kleinen Hütte und trank Gin. „Du verdammter Lügner", schrie ich ihn an, „nicht ein Wort von dem, was du mir erzählt hast, ist wahr, gib mir auf der Stelle meine 50 Dollar zurück."

Treuherzig guckte er mich an. Seine Zunge war schon etwas schwer, da er ein gutes Viertel der Ginflasche bereits geleert hatte.

„Wie kannst du behaupten, dass nichts von dem, was ich gesagt habe, wahr sei“, fragte er, und fuhr bevor ich antworten konnte, fort: „Steht am zweiten Zaun ein Mimosenbaum?“ Ich nickte widerwillig.

„Ja, und der schwarze dunkle Felsbrocken, liegt der vielleicht nicht dort?“ Ich nickte abermals.

„Bist du von dort weiter gegangen“? Das bestätigte ich.

„400 Meter weiter – ist dort ein Wasserloch oder nicht?“

„Ja, dort ist ein Wasserloch“, antwortete ich.

„Und die freie Fläche, die ich dir beschrieben habe, ist die etwa erlogen?“

„Nein, die war auch da“, entgegnete ich.

„Und das Gestrüpp?“

„Ok“, sagte ich ungeduldig.

„Und bist du dann auf ein verrostetes Eisentor gestoßen, ja oder nein?“

„Nun, ich hab das Tor gefunden aber...“

Nick unterbrach mich triumphierend: „Wie kannst du also behaupten, dass alles, was ich gesagt habe, gelogen sei ...?“

# Ein Unglück kommt selten allein

Ein befreundeter Versicherungsagent erzählte mir von einem Jäger, der sich beim Umbau seiner Jagdhütte ein Bein gebrochen sowie den rechten Arm und die linke Schulter verletzt und zudem eine weitere Verletzung an seinem Kopf erlitten habe. Ich will versuchen, die Geschichte mit den Worten wiederzugeben, in denen auch der Geschädigte sie meinem Freund zufolge erzählt hat:

„Als vor einigen Jahren unsere Jagdhütte umgebaut wurde, benötigten wir einige Ziegelsteine, die bis dahin ungenutzt auf dem Dachboden lagerten. Um die Ziegelsteine herunter zu bekommen, packte ich sie in eine Holzkiste und befestigte außen am oberen Dachbodenfenster einen Galgen mit einer Rolle daran.

Über diese Rolle legte ich ein Seil und band an dessen einem Ende die Kiste fest. Das andere Ende knüpfte ich an die Anhängerkupplung meines Geländewagens. Dann schob ich die mit Steinen gefüllte Kiste aus der Bodenluke heraus, sodass sie draußen in der Schwebe hing, ging nach unten und band das andere Ende des Seils von der Anhängerkupplung los, um die Steine vorsichtig herabzulassen.

Das Gewicht der bepackten Transportkiste hatte ich aber gewaltig unterschätzt und nicht geahnt, dass sie mit den Steinen schwerer war als ich selbst – von ihrem Gewicht wurde ich augenblicklich in die Höhe gezogen. Reflexartig hielt ich mich trotzdem krampfhaft am Seil fest.

Auf halber Höhe ritzte mir dann die Kiste den rechten Arm auf und in sausender Fahrt ging es weiter nach oben, bis ich mit dem Kopf an den Galgen stieß und mir an der Rolle zudem die Finger einquetschte.

Derweil prallte die Kiste auf den Erdboden. Durch die Wucht des Aufpralls zersplitterte sie, die Steine rutschen heraus. Der nun wieder sehr leichte Rest der Kiste sauste nach oben zurück, und ich fiel wieder herunter.

Auf halber Höhe begegneten mir die restlichen Bretter der Kiste erneut und rissen mir die linke Schulter auf. Sodann schlug ich auf

„Waldgeister“

„Das Treiberlied“

dem Boden auf und brach mir ein Bein. Vor Schreck und lauter Schmerz ließ ich endlich das Seil los: Die Reste der Kiste sausten wieder herunter und verletzten mich am Kopf!“

## Au weia, Safari

Ob sich die Geschichte wirklich in allen Details so zugetragen hat, wie ich sie nun erzählen werde, vermag ich nicht zu sagen, aber auch wenn sie nicht in allen Einzelheiten der Wahrheit entspricht, lohnt es, sie weiterzugeben.

Sie trug sich Mitte der Sechzigerjahre zu, als in der Nähe von Walsrode, einer Kleinstadt in der Lüneburger Heide, ein Safaripark eröffnet wurde, damals eine große Sensation für die Bevölkerung aus Nah und Fern, denn in diesem riesigen eingegatterten Gebiet leben allerlei exotische Tiere wie Zebras, Strauße, Antilopen, Affen und Elefanten. Man kann es mit dem Auto durchqueren und fühlt sich quasi in eine afrikanische Steppenlandschaft versetzt.

Zwei Gründe gab es nun für Otto, unseren jungen Förster, mit Karin, seiner Frau und seinen beiden Kindern die neue Attraktion von Walsrode zu erleben: Erstens war Muttertag, und zweitens wollte Otto sein erstes Auto einweihen.

Los ging es! Im Fond des Wagens saßen, erwartungsvoll die Futtertüten mit Obst und Nüssen für die Tiere in den Händen, die beiden Kinder. Zwar standen überall Schilder mit dem Hinweis „Füttern verboten“ und „Fenster geschlossen halten“, aber die Begeisterung über die Jagd-Autosafari machte alle Vier blind. So geschah es, dass unversehens eine Meerkatze durch das geöffnete Fenster ins Auto hüpfte, eine Banane stibitzte und verschwand.

Die ganze Familie war begeistert! Weiter ging die Fahrt, vorbei an träge in der Sonne stehenden Zebras und neugierig schauenden Straußen. Dann näherte sich das Auto einer im Schatten dösenden Elefantenherde.

Ein halbwüchsiger Elefant hatte es den Kindern besonders angetan. Gerne nahm er die Früchte aus ihren Händen. Als ihm der

Nachschub jedoch nicht schnell genug kam, steckte er plötzlich seinen Rüssel ins Auto.

Erschreckt drehte eines der Kinder die Scheibe hoch, was der kleine Dickhäuter nicht spaßig fand, denn sein Rüssel wurde dabei eingeklemmt. Geistesgegenwärtig kurbelte das Kind das Fenster also wieder herunter. Der Elefant zog seinen Rüssel aus dem Auto, war über dessen Befreiung aber nicht besonders dankbar, sondern donnerte damit auf das Dach des nagelneuen Wagens. Neben einem fast ohrenbetäubenden Schlag verursachte er dabei auch eine tiefe Beule im Blech des Autodaches. Mit dieser Reaktion hatte keiner der Insassen gerechnet.

Genervt fuhr Otto schleunigst weiter und erkundigte sich am Ausgang des Parks nach der Möglichkeit zur Regulierung des Schadens durch eine Haftpflichtversicherung. Es wurde ihm aber beschieden, dass er die Beule im Auto selbst verschuldet habe, da die Tiere gefüttert worden wären, obwohl überall Schilder mit entsprechenden Verbotshinweisen stünden.

Frustriert begab sich die Familie zum Abschluss dieses ereignisreichen Tages in das Cafe des Safariparks, der gestresste Vater trank zwei oder drei Glas Cognac, um den Ärger hinunter zu spülen, der Rest der Familie aß Kuchen.

Schließlich fuhr man gemächlich Richtung Heimat. Aber oh Schreck – kaum hatten sie die Autobahn verlassen, ereignete sich direkt vor ihnen ein Unfall, bei dem mehrere Fahrzeuge aufeinander fuhren. Otto hatte Glück, er konnte seinen Wagen rechtzeitig abbremsen und auf die Standspur ausweichen. Abschleppdienst, Feuerwehr, Polizei, alles war bereits vor Ort.

Ein Polizeibeamter näherte sich Otto, um auch dessen Schaden am Auto zu protokollieren, denn der Beamte hatte die große Beule am Dach entdeckt und glaubte, sie stamme ebenfalls von dem Unfall.

„Das ist nicht nötig, das hat ein Elefant verursacht“, erklärte Otto. Der Polizist stutzte, wurde misstrauisch, fühlte sich schließlich veralbert, und er bat den erstaunten Förster, ihn zum Dienstwagen zu begleiten. Dort musste der in das bekannte Röhrchen pusten, das sich aufgrund der Beruhigungscognacs leicht verfärbte.

Von dem „Tatbestand“ der Beamtenbeleidigung nahm der Polizist Abstand, seinen Führerschein aber musste Otto für vier Wochen „abgeben“. – Au weia, was für eine Safari!

## Der Todeswurm

Aberglaube war ja früher in der Jägerei weit verbreitet. Ein mir sehr lieber Jagdfreund aus Österreich berichtete von seinem Großonkel, der sich in jungen Jahren von einer Wahrsagerin aus der Hand lesen ließ. Die Frau unterbreitete ihm allerlei Zukunftsprognosen und schloss ihre nicht gerade billige Sitzung mit der Versicherung, dass ein Wurm zu seinem Tod führen würde.

Diese Geschichte kursierte zwar lange Zeit im Freundeskreis, wurde dann aber allmählich vergessen.

Als der besagte Großonkel allmählich alt und gebrechlich wurde und nur noch unter Beschwerden zur Jagd gehen konnte, schaffte er sich einen Krückstock an und konnte nun wieder an den Jagden teilnehmen. Zwar war er nicht mehr fit für Gewaltmärsche, wie in seiner Jugend, in der Umgebung der Jagdhütte aber konnte er sich nun wieder verhältnismäßig gut bewegen, zumal er hier ja seit vielen Jahren Weg und Steg kannte.

Einmal wanderte er auf einem schmalen Grat längs eines Abgrundes entlang und stützte sich dabei wie immer auf seinen

Stock. Doch der brach urplötzlich, der Onkel stürzte ab und war auf der Stelle tot.

Man erinnerte sich wieder an die Wahrsagerin, die doch ein anderes Ende prophezeit hatte. Als man den zerbrochenen Stock später zufällig an der Absturzstelle fand und untersuchte, fand man genau an der Bruchstelle einen kleinen Gang, den ein Holzwurm gebohrt und in den er sich eingenistet hatte.

## Ein gewisser Fortschritt

Es war im Staate Quebec im nördlichsten Kanada nahe der Hudson Bay, wo ein befreundeter Buschpilot seine Zuhörer augenzwinkernd mit nachfolgender Anekdote verblüffte.

Zwei Jäger lassen sich mit einem kleinen Flugzeug in der Wildnis absetzen, um Rentiere zu jagen. Beide haben eine Lizenz für je zwei Karibus gelöst, doch bevor ihr Pilot sie im Busch allein lässt, weist er darauf hin, dass seine Maschine für den Transport von vier Stück Wild zu schwach ist. Zwei Passagiere, deren Jagdausrüstung und zwei erlegte Stück Wild seien die Höchstlast, die er aus dem Busch hinausfliegen könne.

Hoch und heilig versprechen die beiden Jäger dem Piloten daraufhin, ihre Passion zu zügeln und nicht mehr als zwei Karibus zu schießen, und beginnen ihr Lager aufzubauen, während das Buschflugzeug noch eine Schleife dreht und danach verschwindet.

Das Abenteuer Wildnis beginnt. Wild ist im Überfluss vorhanden, die Tage fliegen nur so dahin, und die beiden Männer genießen ihren Aufenthalt in vollen Zügen. Als der Pilot wie verabredet nach einer Woche zurückkommt, liegen natürlich doch vier starke Karibus vor dem Camp – die Passion ist mit den beiden Jägern durchgegangen.

„Ich habe ja gesagt, zwei können wir mitnehmen, die anderen beiden müssen wir hier lassen. Wenn ihr allerdings den Flug bezahlt, komme ich morgen noch einmal zurück und werde auch die beiden anderen Stücke bringen“, grantelt der ärgerliche Pilot.

Es entspinnt sich eine hitzige Diskussion, bei der der Buschpilot erfuhr, dass die beiden Jäger bereits im letzten Jahr hier gejagt und ebenfalls vier Rentiere geschossen haben. Trotz heftiger Einwände des Flugzeugführers überredeten sie diesen damals, gegen ein immens hohes Trinkgeld alle vier Stücke unter seinem Flieger zu vertäuen und den Flug zu wagen. Eine Situation wie die jetzige ...

Das Gespräch wechselt hin und her. Als der Pilot sich an seiner Ehre gepackt fühlt, gibt er schließlich auf. Was im vergangenen Jahr sein Kollege zu leisten im Stande war, werde er schließlich auch bewältigen, ist er überzeugt. Die vier Stücke werden unter den Tragflächen des Flugzeuges befestigt, Jäger und Pilot kriechen hinein, schnallen sich an, die Maschine startet und los geht es.

Wegen der Überbelastung und der holprigen Piste kann der Pilot nur sehr langsam beschleunigen, allmählich aber wird die Maschine schneller und löst sich endlich, wenige Meter vor den ersten Büschen, vom Boden. Leises Aufatmen geht durch die Maschine.

Kaum merklich gewinnt das Flugzeug an Höhe, doch nicht genügend, denn nun gilt es, mehrere hohe Bäume zu überfliegen – schon streift der Flieger die Wipfel, stürzt ab und bleibt in den Baumkronen hängen.

Nachdem der erste Schreck vorbei ist, schauen sich die beiden Jäger ängstlich an. Der Pilot und sie sind bei der ungewollten Bruchlandung gottlob unversehrt geblieben.

„Was meinst du, wo wir sind?“, fragt der eine, und sofort kommt die Antwort seines Freundes: „Knapp 50 Meter weiter als im letzten Jahr.“

## Im Land der Friesen

Die Nordfriesen, geprägt durch die karge Landschaft und das raue Klima an der Küste, sind ein Völkchen für sich. Auf andere Menschen wirken sie verschlossen, Fremden gegenüber verhalten sie sich wortkarg und scheinbar wenig humorvoll. „Ausländern“

gegenüber sind sie zurückhaltend, ja verhalten sich manchmal derart abweisend, dass ich mitunter den Eindruck gewann, sie seien auch mir feindlich gesonnen.

Es dauerte lange, bis ich mit einigen von ihnen vertraut wurde. Doch als sie mich schließlich akzeptiert hatten – dass ich plattdeutsch spreche und ihre Sprache gut verstehe, trug wohl dazu bei –, entpuppten sich die Nordlichter als die herzlichsten, gastfreundlichsten und humorvollsten Menschen, die ich mir vorstellen und wünschen kann. Aber es braucht eben eine ungewöhnlich lange Zeit, um mit Nordfriesen Freundschaften zu schließen, sich bei ihnen uneingeschränkt wohl zu fühlen und jagdlich Anschluss zu bekommen.

Wie gesagt, nach langer Zeit klappte es irgendwann aber doch, und seitdem fühle ich mich in diesem Landstrich wie zu Hause, nicht nur der Menschen wegen, die sich mir gegenüber plötzlich sehr aufgeschlossen zeigten, sondern auch wegen des Reichtums an Hasen, Enten und Gänsen auf der Insel Eiderstedt.

Dass die Nordfriesen mitunter sehr pragmatisch sind, erfuhr ich auf einer Jagd dort oben bei der Begegnung mit einem Nordfriesen, der seine Flinte mit einer offenbar wetterfesten, dunkelbraunen Farbe vollständig überstrichen hatte. Die Waffe sah aus, als hätte man sie gerade aus dem Moor ausgegraben, und ich taufte den Besitzer, der mir versicherte, er brauche das Gewehr nie zu reinigen, insgeheim „Häuptling schwarze Flinte."

Mein Freund Eggert von Ahnen, Herr über mehrere hundert Hektar Weideland, auf denen wir jedes Jahr an nur einem Vormittag weit über hundert Hasen erlegten, sowie über viele Kilometer Nordseestrand, von dem ich abends immer mit reicher Entenstrecke zurückkehrte, erwartet jährlich am 18. Dezember zur traditionellen Treibjagd viele Gäste. Man wird dazu nicht extra eingeladen: Auf der Halbinsel Eiderstedt weiß jeder, dass bei von Ahnens an diesem Tag die große Treibjagd stattfindet, egal was passiert: Ob ein Krieg tobt, ob Unwetter oder Schneestürme, ob Seuchen oder Hochwasser das Land beuteln, der 18. Dezember ist seit mehreren Generationen Jagdtag. Da es keiner besonderen Einladung bedurfte, um daran teilzunehmen, fand auch ich mich regelmäßig dort ein.

Gerne blieb ich anschließend noch ein bis zwei Tage bei meinem Freund, suchte eventuell angeschossene Hasen nach, meistens ohne Erfolg, da die Nordfriesen gute Schrotschützen sind, und schoss auch noch einige Enten und Gänse. Ich wohnte dann meistens im „Jagdschloss", das war die schmeichelhafte Bezeichnung für einen verfallenen Bauwagen, der, spartanisch, aber praktisch eingerichtet, kurz vor dem Deich stand.

Diesmal war mein Freund Hans-Burkhard bei uns. Morgens, nach erfolgreichem Entenstrich, bekamen wir Appetit auf Brötchen, und der Freund wurde gebeten, zum Krämer zu fahren und sie zu besorgen. Da er sich in der Gegend noch gar nicht auskannte, erklärte ihm Eggert den Weg zum Kaufmannsladen im nächsten Dorf: „Kein Problem, der Laden ist mit roter Farbe angestrichen, du kannst ihn gar nicht verfehlen, und sonst brauchst du nur nach dem roten Kaufladen zu fragen."

Bald kam Hans Burkhard wieder zurück. Ohne Brötchen! Hatte er den Weg trotz der einfachen und klaren Beschreibung nicht gefunden?

Zu unserem Vergnügen berichtete er: „Ich traf einen Bauern und fragte ihn nach dem roten Kaufladen, aber der grinste mich nur blöde an und sagte „Gift dat in Dörp nich, bi uns sünn de Kaufladens all greun!" (Gibt es in dem Dorf nicht, bei uns sind alle Kuhfladen grün).

## Hier irrte Schiller

Friedrich von Schiller, ein Universalgenie? Dem widersprach sein Sohn, der Forstrat Karl von Schiller.

In einer fröhlichen Runde waren einige Herren zusammengekommen, unter denen sich auch der besagte Sohn des Dichterfürsten befand. Alle lobten den Vater über die Maßen und priesen sein Genie. „Ja, er war ein Universalgenie!“, verlieh einer der Anwesenden seiner Hochachtung vor dem großen Dichter Ausdruck.

Dem widersprach der Sohn energisch: „Mein Vater war gewiss ein hoch gebildeter Mann, aber von Holz verstand er nichts!“ Allgemeines Unverständnis machte sich in der Runde breit. „Was hat das mit seiner großartigen Dichtkunst zu tun?“, wurde dem Forstmann entgegnet.

„Nun“, fuhr Karl von Schiller fort, „nehmen Sie als Beispiel ‚Das Lied von der Glocke‘. Dort heißt es: ‚Nehmet Holz vom Fichtenstamme!‘ Meine Herren! Das Holz der Fichte ist nun einmal das Untauglichste. Für ein Feuer, das Bronzespeise schmelzen soll, ist es völlig ungeeignet!“

## Treiber sind nicht frei

Aus dem alten Ostpreußen kursiert die Geschichte über eine Gesellschaftsjagd, auf der versehentlich ein Treiber erschossen worden war und ein alter Jäger daraufhin feststellte: „Hätte ich gewusst, dass Treiber auch frei sind, hätte ich leicht eine Doublette schießen können.“ So makaber dieser Witz auch ist, etwas Ähnliches hätte sich tatsächlich im früheren Land der Welfen zutragen können.

Einer der fünf Könige von Hannover, wie alle mit dem Namen Georg im Volksmund stets „Schorse“ genannt, gab eine Jagd, die anfangs versprach, ein glanzvolles Ereignis zu werden, wäre da nicht sein Stiefbruder, der Prinz von Solms. Der Prinz war als wilder Schießer bekannt und sorgte daher nicht selten für Aufregung und Ärger.

Die Jagd neigt sich dem Ende zu. Plötzlich erklingt das Hornsignal „Sau tot“ durch den Wald. Der König wird, Unheil ahnend, bleich. „Stellen Sie fest“, befahl er seinem Oberjägermeister, „ob niemand von den Gästen fehlt.“ „Es fehlt niemand“, kam die Antwort.

„Humpelt keiner von dem Hofstaat?“, fragte Schorse ungläubig. „Alle sind wohlauf, Majestät“, kam es prompt zurück.

Da wandte sich der König an den Büchsenspanner: „Sind die Treiber alle da?“ – „Jawoll, Majestät, bis auf den letzten Mann.“

Nun atmete der Herrscher erleichtert auf: „Gott sei Dank, dann hat mein Bruder ja wohl doch einen Keiler geschossen.“

## Ein bravouröser Fehlschuss

Der Jagd- und Forschungsreisende Hans Schomburgk erzählt in seinem Buch „Zelte in Afrika“, dass er im Zululand den besten Schuss seines Lebens getan habe.

„Ich lag“, so berichtet er, „an einem Sonntagmorgen auf meinem Feldbett und las. Da kam ein eingeborener Polizist und überbrachte mir den Befehl, zum Bezirksamtmann zu kommen und meine Büchse mitzubringen. Ich dachte, der wolle zum Zeitvertreib mit mir nach der Scheibe schießen. Aber der Bezirksamtmann stellte mich dem Gouverneur vom Zululand, Sir Charlie Thunder, vor und zeigte auf den gegenüberliegenden Hügel, wo zwei Antilopen ästen, die eine in gerader Linie etwa fünf Meter hinter der anderen. Man sah sie nur wie zwei kleine Punkte.

„Ich habe gewettet, dass Sie von hier aus eine Antilope erlegen können“, sagte der Bezirksamtmann, „glauben Sie, dass Sie es schaffen?“

Ich glaubte es nicht, wollte mir aber keine Blöße geben, und wenigstens das Vertrauen zu rechtfertigen versuchen, das er in mich setzte. Die Entfernung kannte ich ja genau, denn wir hatten sie schon abgemessen. Also legte ich mich hin, zielte bedächtig und setzte mehrere Male ab. Endlich schoss ich. Eine Antilope sprang hoch auf und brach verendet zusammen. Alle beglückwünschten mich zu meinem Meisterschuss, besonders stolz war ich über die Komplimente, die mir der Gouverneur machte.

Aber ich habe niemandem gesagt, dass die Antilope, die ich traf, gar nicht die war, auf die ich gezielt hatte!“

## Versteckte Drohung

Es ist schon einige Jahre her, als auf einer Treibjagd bei mir zu Hause ein Deutsch-Drahthaar-Rüde bei der Hetze eines Hasen versehentlich einige Schrote abbekam. Der Hund gehörte dem Jagdherrn, der unglückliche Schütze war ein Freund des Jagdpächters.

Die Verletzungen waren ganz unbedenklich, die Schrote wurden damals – zum Teil wenigstens – noch während der Jagd zwischen zwei Treiben herausgedrückt, und Hund und Herr jagten anschließend unbeschwert weiter. Dem Hund war schon nach kurzer Zeit nichts mehr anzumerken, er suchte und apportierte fleißig, als sei überhaupt nichts Außergewöhnliches vorgefallen.

Dennoch war im darauf folgenden Jahr die Sache noch nicht ganz vergessen. Der Unglücksschütze hatte auch wieder eine Einladung zur Treibjagd erhalten.

Nachdem der Jagdherr alle Regeln zur Sicherheit der Treiber und Jäger noch einmal bekannt gegeben hatte, wandte er sich an seinen Freund und erklärte ihm verschmitzt vor versammelter Mannschaft: „Und noch eins, lieber Fritz: Was vorne läuft ist der Hase, dann kommt der Hund. Heute schießen wir ausnahmslos Hasen.“

## So schnell schießen die Welfen nicht

Mein Großvater übernahm nach dem Sieg der Preußen über die Hannoveraner in der Schlacht bei Langensalza ein Forstamt in Hessen, weil er als Welfe nicht in preußischen Diensten stehen wollte.

Dort lebte er mit seiner Familie, meiner Großmutter, meinem Vater und dessen beiden Schwestern sowie einem so genannten Forstadjunkt, der es auf meine damals noch sehr junge und hübsche Tante Irmi abgesehen hatte.

Immer wieder ergab es sich, dass die beiden jungen Leute sich heimlich trafen, und es ist verbrieft, dass Tante Irmi bei einem dieser Treffen dem jungen Mann, wohl mehr im Scherz, drohte: „Wenn Sie mich noch einmal küssen, sage ich es meinem Vater."

„Wer es glaubt, wird selig", lachte der junge Mann und schwupp hatte seine Angebetete noch einen Kuss auf dem Mund.

„So", rief das junge Mädchen, nachdem es sich zum Schein gewehrt hatte, „jetzt mache ich wahr, was ich gesagt habe, und sage es meinem Vater." Damit verließ sie das Zimmer.

„Vater", sagte sie oben in der Stube zu meinem Großvater, „der Adjunkt ist unten und hätte sich gern mal deine neue Flinte angeschaut."

Erst als der junge Gehilfe einige Wochen später um die Hand der Tochter anhielt und die Geschichte erzählte, verstand mein Großvater, warum der junge Mann an besagtem Abend mit einem riesigen Satz aus dem Fenster sprang und davonlief, als sein strenger Vorgesetzter mit der Schrotflinte in der Hand das Zimmer betrat.

## Sinneswandel

Mein Onkel Wolf-Christian war, wie bereits beschrieben, nicht sehr freigiebig und sparte, wo er nur konnte.

Als er sich irgendwann doch entschloss, einen neuen Hund anzuschaffen, nachdem sein alter Spaniel an Altersschwäche eingegangen war – böse Zungen behaupteten damals, er sei verhungert –, sah er die Jagdzeitschriften nach Anzeigen durch und wurde schließlich fündig: „Sehr guter Weimaraner, erstklassige Zucht, jagdlich geführt, für 200 Mark abzugeben", stand in einer Annonce, es folgten Anschrift und Telefonnummer des Verkäufers.

Der Preis erschien meinem Onkel sensationell günstig. Ohne lange zu überlegen griff er zum Telefonhörer und fragte nach: „Steht der Hund vor?“

„Selbstverständlich“, kam die Bestätigung.

„Ist er für Nachsuchen zu gebrauchen?“

„Aber ja“, kam es von dem anderen Ende der Leitung. „Apportiert er sicher?“

„Ganz hervorragend.“

„Gut, ich habe Interesse und komme sofort zu Ihnen gefahren.“

Als Wolf-Christian endlich bei der beschriebenen Adresse ankam und ihm die Tür auf sein Klingeln geöffnet wurde, meinte der grauhaarige Hundebesitzer: „Sie haben Pech, jemand anderes war zehn Minuten schneller als Sie. Bitte verstehen Sie, wer zuerst kommt, mahlt zuerst, aber ich kann ihnen ja gerne die Adresse des Käufers geben.“

„Ja, wieso“, fragte der Onkel, „glauben Sie denn, er wird den Hund weiter veräußern wollen?“

„Das ist anzunehmen, lassen sie ihm ein paar Tage Zeit, den Hund kennen zu lernen, und ich bin sicher, dass Sie ihn dann sogar für 150 Mark bekommen können.“

# Zum Schnüren fehlt´s an Länge

Als ich noch in Namibia, dem ehemaligen Deutsch-Südwestafrika, lebte, arbeitete ich unter anderem auch längere Zeit auf einer Rinderfarm. Die über 5.000 Hektar große Farm war in acht oder neun Enklaven, so genannte camps, eingeteilt, die wiederum eingezäunt waren, damit das Vieh je nach dem Wachstum und Stand des Grases entsprechend umgetrieben werden konnte.

Der Großvater und Vater des jetzigen Besitzers, mit dem mich eine enge Freundschaft verbindet, lebten noch von der Viehzucht, aber nach der Abspaltung von der Republik Südafrika lag der Preis für Rindfleisch in Namibia am Boden, und es konnte weitaus mehr Geld mit der Jagd verdient werden.

Deshalb stellte sich auch mein Freund, der Enkel des Farmgründers, um, riss die Zäune, die mit großer Mühe, vielen Tränen und viel Schweiß von seinen Vorfahren errichtet worden waren, nieder, setzte zu den bereits vorhandenen verschiedene weitere Wildarten aus und stellte den Farmbetrieb ganz auf Jagdtourismus um.

Schließlich wurde der erste Jagdgast erwartet. Es war ein Professor aus Braunschweig. Er wurde mit dem Auto von Elke, der jungen Frau meines Freundes, am Flughafen in der Hauptstadt Windhoek abgeholt. Während der zweieinhalbstündigen Autofahrt zur Farm zeigte sie ihm immer wieder Wild, das am Straßenrand stand.

„Schauen Sie, Herr Professor, dort rennt ein Kudu davon", rief sie erfreut und zeigte nach rechts in das dichte Gestrüpp, wo tatsächlich ein Rudel der majestätischen Antilopen absprang.

„Gnädige Frau, das heißt nicht ‚rennen', sondern ‚da flüchtet ein Kudu'. Wenn sie deutsche Jagdgäste bekommen, sollten sie sich auch der deutschen Waidmannssprache bedienen", erwiderte der Professor amüsiert.

Nun drehte sich die Unterhaltung über Sinn sowie Ursprung der Jägersprache. Elke war dankbar, von ihrem Gast über die Sitten deutscher Jäger aufgeklärt zu werden und besonders darüber, von ihm die Waidmannssprache zu lernen.

„Da läuft ein Schakal", kam es kurz darauf begeistert aus dem Mund der Fahrerin, und wieder berichtigte der Gast aus Deutschland: „Gnädige Frau, ein Schakal schnürt."

Das Wort „schnüren" war der Farmerin gänzlich unbekannt und deshalb erklärte der Herr Professor, wie es zu dem Ausdruck gekommen war.

„Wenn im Schnee ein Fuchs eine Brante vor die andere setzt, sehen die Tritte mitunter wie Perlen aus, und wenn dann noch sein langer Schwanz, also seine Lunte, herunterhängt und die kleinen Abdrücke im tiefen Schnee mit einer zarten Linie verbindet, sieht das aus wie eine Perlenschnur."

Staunend hört die junge Frau zu, ganz begeistert von dieser Erklärung, und so vergeht die Fahrt, bis sie auf der Farm ankommen.

14 Tage wird fröhlich gejagt, und meine afrikanischen Freunde sind in den zwei Wochen im Gebrauch der Jägersprache fast perfekt geworden.

Am letzten Tag sitzen sie mit ihrem ersten Gast aus Deutschland vor dem Haus und unterhalten sich noch einmal über die vergangenen Tage. Ganz begeistert erzählt nun die junge Frau, ständig darauf bedacht, die Waidmannssprache korrekt anzuwenden: „Herr Professor, wissen Sie, was an diesem Urlaub für mich am spannendsten war? Das war, als wir den Kudu auf 300 Meter entdeckten, Sie dann aus dem Auto stiegen und mit meinem Mann hinter ihm hergeschnürt sind ..."

Darauf zieht der deutsche Gast die Augenbrauen hoch und unterbricht den Wortschwall der Hausfrau lächelnd: „Schnüren? Gnädige Frau, sie überschätzen mich!“

## Teure Küsse

In Zimbabwe erzählte mir ein Jagdführer die folgende Geschichte von einem jungen Arztehepaar aus Hannover, das bei ihm eine dreiwöchige Safari für den stolzen Preis von rund 20.000 Dollar gebucht hatte. Eine Anzahlung von 3.000 Dollar war bereits geleistet worden, und nun holte der Berufsjäger das Paar in Harare vom Flughafen ab. Der sportliche junge Arzt schwang sich auf den Beifahrersitz, seine hübsche blonde Frau nahm auf dem Rücksitz Platz, und schon brauste man Richtung Süden in das Jagdcamp.

Während der Fahrt bemerkte der Fahrer beim Blick in den Rückspiegel, anfangs noch etwas nervös, aber nichtsdestotrotz erfreut, dass die junge Frau ihm immer wieder ganz auffällig zuzwinkerte, und während der ganzen vierstündigen Fahrt flirteten die beiden nun unbemerkt vom Ehemann im Spiegel.

Endlich im Camp angekommen, nahm man noch einen Drink, einen so genannten „Sundowner“, und dann brachte mein Freund das Paar zu deren Zelt. Anschließend begab er sich, nachdem er noch ein paar Dinge wegen des bevorstehenden Jagdtages mit seinen Mitarbeitern geregelt hatte, in sein Zelt auf der anderen Seite des Lagers.

Während er sich auszog, ging plötzlich der Reisverschluss seines Zeltes auf, und die junge Frau kam herein. Längere Zeit unterhielten sich die beiden nun über die unglückliche Ehe der Frau und kamen sich dabei immer näher. Schließlich legte auch sie ihre Kleider ab, und so schmusten sie beide, bis das Zelt plötzlich aufs Neue aufgerissen wurde und der Ehemann erschien.

Beim Anblick seiner Frau, die in den Armen des Berufsjägers lag, schrie er laut auf, drehte auf dem Absatz um und raste zurück zu seinem Zelt.

Der junge Arzt kehrte, ganz offensichtlich in der Absicht, seinen Konkurrenten zu erschießen, umgehend mit seiner geladenen Doppelbüchse zurück. Ein kurzes Handgemenge folgte, begleitet von üblen Beschimpfungen, doch mein Freund konnte seinen Gast schließlich besänftigen, während die Frau zum allgemeinen Amusement des Lagerpersonals laut schreiend splitternackt durch das ganze Camp gelaufen war und sich nun im Gästezelt verbarg.

Nach einem langen, ernsten Gespräch einigten sich die beiden Männer schließlich darauf, die Angelegenheit vorerst beizulegen und die Safari trotz dieses Zwischenfalls noch durchzuführen. Der Gast aus Deutschland versprach meinem Freund, diesen Vorfall nicht bei der Wildschutzbehörde anzuzeigen, denn das hätte unweigerlich zur Folge gehabt, dass man ihm seine Jagdlizenz entzogen hätte. Dafür gab sich mein Freund mit der Anzahlung für die teure Jagdreise zufrieden und verzichtete auf den Restbetrag.

Die Safari verlief halbwegs harmonisch und sehr erfolgreich. Als sie vorüber war, wurden die Gäste zum Flughafen zurückgefahren und waren zufrieden. Über den Vorfall am ersten Abend wurde während der ganzen Jagd kein Wort mehr verloren.

Ein Jahr später nahm mein Freund an einer Berufsjägertagung in Johannesburg teil. An einem seiner Nachbartische saß eine Gruppe von Jagdführern und deren Wortführer, ebenfalls ein Weißer aus der Republik Südafrika, erzählte folgende Geschichte.

Ein Arztehepaar aus Hannover hatte bei ihm eine dreiwöchige Safari für über 20.000 Dollar gebucht. Die Anzahlung war pünktlich auf sein Konto überwiesen worden, und er holte das Paar erwartungsvoll vom Flughafen ab. Während der Fahrt nach Medina, im nördlichen Teil der Republik, begann die junge Frau mit ihm ganz ungeniert im Rückspiegel zu flirten.

Im Camp angekommen, nahm man einen „Sundowner“, anschließend brachte der Mann aus Südafrika das Paar zu seinem Zelt, sprach kurz mit den Camphelfern, ging zu seinem Zelt, zog sich aus, und während er noch Pläne für den kommenden Jagdtag schmiedete, erschien die Frau und erzählte ihm von ihrer unglücklichen Ehe. Alles weitere siehe oben …

„Rituelle Feierstunde“

„Jagdgeschichten“

Wie sich später herausstellte, hatte das Paar mindestens vier Safaris im Wert von jeweils weit über 20.000 Dollar gemacht, und das für jeweils nur 3.000 Dollar …

## Elch-Feuer

Vor vielen Jahren durfte ich in Schweden einmal an einer wahrhaft „feurigen“ Jagd teilnehmen. Ich hatte während der Elchjagd einen Stand am Rande eines kümmerlichen Kiefernbestandes vor einer riesigen Moorfläche, durch die verschiedene Wechsel zogen.

Mit meinem einheimischen Standnachbarn, der als erfahrener und erfolgreicher Jäger unter seinen Landsleuten galt, hatte ich per Handzeichen Verbindung aufgenommen, saß nun mucksmäuschenstill auf dem Stamm eines umgefallenen Baumveteranen und lauschte gespannt auf den Laut eines der Elchhunde.

Mich fröstelte. Kalter Wind wehte mir ins Gesicht. Es begann zu nieseln, und auf meinen alten Lodenmantel legte sich ein silbern schimmernder, feuchter Schleier.

Als ich wieder einmal durchs Glas zu meinem Nachbarn schaue, beobachte ich, wie dieser eine Axt aus dem Rucksack kramt, sich zehn, zwanzig Schritte von seinem Stand entfernt und mit erstaunlicher Geschwindigkeit gekonnt eine schwache, trockene Birke fällt. Weithin hallen die Axtschläge über das Moor, was den guten Mann aber nicht zu stören scheint. Unbekümmert zerkleinert er das Holz, schleppt es zu seinem Stand und entfacht ein Feuer.

Sodann verschwindet er mit einem Wasserkessel, kehrt wieder zurück, und Augenblicke später hängt der Kessel über den lodernden Flammen. Der Jäger setzt sich wieder auf seinen Jagdstock neben das Feuer und wärmt seine Hände.

Ich habe den Eindruck, er fühlt sich pudelwohl, wohingegen ich innerlich „koche“. Dass bei der vorangegangenen Unruhe und dem Gestank des Feuers in den nächsten Stunden Wild kommen wird, ist für mich völlig abwegig.

Kaum eine halbe Stunde ist vergangen, da entdecke ich weit draußen im Moor ein Elchtier mit Kalb. Es zieht stetig in meine Richtung, dreht dann aber ab und trollt zielstrebig auf das lodernde Feuer und seinen frei daneben sitzenden Bewahrer zu.

Dieser bemerkt das Wild erst, als es nur noch hundert Schritte von ihm entfernt ist. Gespannt beobachte ich, wie er aufsteht, zwei bis drei Schritte zum nächsten Baum macht, an dem seine Büchse angelehnt ist, und dann auf rund fünfzig Meter eine Doublette schießt.

Drei Tage lang hatte ich mich damals immer besonders vorsichtig auf meinem Stand verhalten, die rote Warnkleidung verstohlen im Rucksack verstaut, wenn ich allein war, nicht geraucht, um nicht noch mehr Witterung abzugeben, und hatte bis dahin trotzdem kein Stück Elchwild gesehen. Mein Nachbar hatte in dieser Zeit bereits ein Kalb und einen jungen Hirsch erlegt, und beide Male entfachte er vorher ein Feuer und kochte Kaffee, bevor er schoss, wie er mir versicherte.

Er arbeitete als Waldarbeiter und hatte schon häufiger beobachtet, dass Elchwild auf Pilz- oder Beerensammler mitunter zwar recht sensibel reagiert und flüchtig wird, dass es sich aber an Holzfäller, die stets ein Feuer machen, gewöhnt zu haben scheint.

## Ministerpräsident – ein Rentnerjob?

Mit dem ehemaligen Ministerpräsidenten von Niedersachsen, Dr. Ernst Albrecht, verband mich eine lockere Freundschaft, und ich hatte das Glück, regelmäßig einmal im Jahr in das frühere Hofjagdrevier der hannoverschen Könige in den Saupark Springe eingeladen zu werden.

Neben neuen Gesichtern traf ich dort auf alte Bekannte, Politiker, Wirtschaftskapitäne und andere Persönlichkeiten, die sich für das Land, die Allgemeinheit oder sonst irgendwie verdient gemacht hatten, und immer war Gelegenheit, interessante Gespräche zu führen.

Auf einer dieser Jagden stand ich mit einem befreundeten Landwirt zusammen, der mir erzählte, dass er in jenem Jahr bereits dreimal in Springe eingeladen, der Ministerpräsident aber auf keiner dieser Jagden anwesend gewesen wäre. In diesem Augenblick kam Dr. Albrecht zu uns, um uns zu begrüßen.

Nach kurzem Händedruck bemerkte der Gast: „Sie kommen aber in letzter Zeit selten auf die Jagd."

„Ich möchte schon gern", erwiderte der Landesherr, „aber ich habe so schrecklich viel zu tun."

„Ja, was denn", fragte darauf der Jäger, „sind Sie denn nicht mehr Ministerpräsident?"

## Am Stammtisch

Vor vielen Jahren trafen wir uns an jedem ersten Dienstag des Monats regelmäßig im Dorfgasthaus zum Jägerstammtisch. Es war eine sehr lustige Runde, die dort zusammenkam, und alle freuten sich stets auf das nächste Treffen.

Wir philosophierten über die Jagd und andere wichtige Dinge des Lebens, tauschten Erfahrungen aus, schimpften über die Politiker, erzählten von unseren letzten Beobachtungen im Revier, und es wurde nie langweilig, zumal wir uns alle seit langer Zeit kannten.

Alle waren ausgesprochen fröhliche Gesellen, die kein Blatt vor den Mund nahmen, bis auf Michael. Michael war Landwirt – nur wenige Haare sprossen noch auf seinem Kopf, er war über 1,90 Meter groß und spindeldürr, trug deswegen den Spitznamen „der Ritter von der traurigen Gestalt“ –, besaß einen gut gehenden, großen Betrieb, aber redete wenig oder besser gesagt gar nichts und war alles in allem langweilig wie kein zweiter.

Mitunter wurde er wegen seiner Schweigsamkeit und seines fehlenden Humors von uns auf die „Schippe“ genommen, aber das störte ihn nicht. Er saß mit stoischer Ruhe in unserer Runde, schweigsam, verzog meistens keine Miene, aber schien sich doch wohlzufühlen, obwohl sich seine Jagdpassion in Grenzen hielt.

Einer seiner Aussprüche ist mir noch gut in Erinnerung: „Lieber einen roten Punkt als einen weißen Fleck an der Wand.“ Für ihn bedeutete die Jagd mehr Abschusserfüllung als Herzenssache. Er erledigte seinen Rehbockabschuss im Mai und hatte dann Ruhe. Erstaunlicherweise erlegte er aber fast in jedem Jahr ein bis zwei sehr starke Böcke, auch wenn sie selten älter als zwei oder drei Jahre waren.

Einmal, Anfang Juli, es hat nach einer längeren Regenperiode aufgeklart und Michael muss diese kurze Zeitspanne nutzen, um endlich seine Gerste zu mähen, sodass er nicht am Stammtisch erscheint. Nach und nach trudeln die anderen Jäger ein, und als alle beisammen sind, blickte Christian, ebenfalls Landwirt seines Zeichens, traurig in der Runde herum und spricht dann mit wehmuttriefender Stimme: „Unser lieber Michael, er ist nicht bei uns, aber er hinterlässt eine Lücke, die ihn ersetzt.“

Je später der Abend, desto lauter und ausgelassener werden unsere Unterhaltungen am Stammtisch. Jeder erzählt Geschichten von sich und anderen, wahre Geschichten, erfundene, die wahr sein könnten und wahre, die niemand für wahr haben will. Dabei bleibt es dann mitunter nicht aus, dass hin und wieder auch andere Gasthausbesucher an den Nebentischen ungewollt mitanhören, was wir uns gegenseitig zu berichten haben.

Heiner ist dann mit seiner kräftigen Stimme kaum zu überhören, besonders, wenn er zu fortgeschrittener Stunde sein ohnehin schon lautes Organ mit Schluck und Bier geölt hat.

Einmal erzählt Heiner von einem bewaffneten Spaziergang. „Als ich über die Felder ziehe, steht mein Hund auf den Stoppeln vor. Ich trete heran, da steht ein Hase auf und fällt im ersten Schuss. Drei Minuten später steht der Hund erneut, wieder steht ein Hase auf und rolliert in meiner Schrotgarbe. Ihr werdet es kaum glauben, aber fünf Minuten danach steht die Anka schon wieder fest vor, ich trete heran, ein Hase steht auf, ich ziele, schieße und auch er geht koppheister.

Gerade habe ich innerhalb von knapp einer Viertelstunde drei Hasen erlegt – manche von euch mögen die Geschichte für Jägerlatein halten –, da steht die Anka schon wieder bombenfest vor, ich gehe drauf zu, ein Hase steht auf, ich schlage an, ich ..."

In diesem Augenblick flüstert ein Gast am Nebentisch seinem Nachbarn leise, aber doch so laut, dass es fast jeder im Gastzimmer deutlich vernehmen kann, zu: „Wenn er den jetzt auch noch schießt, nehme ich ihn am Kragen und gebe ihm einen Tritt in die Kehrseite".

Ohne mit der Wimper zu zucken, fährt Heiner fort. „Ich schieße, und ... schieße vorbei."

## Onkel Karls neue Errungenschaft

Onkel Karl war alles in allem ein liebenswerter und fast immer fröhlicher Mensch, der von den meisten im Dorf wegen seiner Hilfsbereitschaft, seiner Toleranz und seinem Sinn für Scherze geschätzt und geachtet wurde. Auf seine zunehmende Schwerhörigkeit nahm man Rücksicht und stellte sich darauf ein.

Doch nicht alle hatten Respekt vor Onkel Karl, manchen war er ein Dorn im Auge. Vor allem mit einigen seiner Anglerkameraden stand er „auf Kriegsfuß", denn wenn es ums Angeln ging, verstand er, wie wir ja schon wissen, keinen Spaß.

Konnte ihn im „zivilen Leben" nichts, überhaupt nichts, aus der Ruhe bringen, änderte sich dies schlagartig, wenn es um seine Lieblingsbeschäftigung, das Angeln, ging. Am Fischwasser, wo er sich bei gutem Wetter vornehmlich aufhielt, da war er der Größte – jedenfalls hielt er sich dafür – und da war er streitbar.

Da Onkel Karl seit dem Tode seiner Frau Maria vor einigen Jahren allein lebte – eine Tochter hatte nach München geheiratet, die andere wohnte in Hamburg –, verfügte er über viel Zeit für sich, die er meistens mit Angeln oder bei Manfred, dem Wirt des „Gasthaus zur Post", verbrachte. Beides durfte er zu Marias Lebzeiten nur selten.

Mit Manfred verband ihn eine Art Freundschaft. Der Wirt, selbst kein Angler, akzeptierte die Schrullen des Alten und hörte nicht auf die mitunter gehässigen Bemerkungen seiner Stammtischkunden, die sich regelmäßig im Schankraum trafen, Anglergarn spannen, über Erfahrungen am Fischwasser plauderten, mitunter maßlos übertrieben, wie es ja bei Fischersleuten üblich ist, und sich, wenn er nicht dabei war, über Onkel Karl mokierten.

Der hatte einmal wieder rücksichtslos den besten Platz am Wasser für sich beansprucht oder einem Anglerkameraden dessen Fang nicht gegönnt. Ein andermal hatte er sich ein paar Würmer „geliehen" und nicht zurückgegeben oder sich einem anderer Angler unseres Vereins am Uferrand so laut genähert, dass sämtliche Fische der Umgebung die Flucht ergriffen und nicht mehr mit „Petri Heil" zu rechnen war.

Es ist im Juni, als Onkel Karl seinen Freund Manfred anruft. Zwar weiß er, dass elf Uhr morgens, der Postbote ist gerade erst gekommen, für einen Gastwirt eine denkbar schlechte Zeit ist, um mit Freunden zu plaudern, da er mit Lüften, Aufräumen, Saubermachen und dem Entfernen der letzten Spuren des vergangenen Abends beschäftigt ist, aber Karl nimmt hierauf heute keine Rücksicht, kündigt seinen Besuch an und verlässt wenige Minuten nach dem Anruf sein Haus.

Onkel Karl wohnt in der Bosteler Straße, also am äußersten Rand unseres kleinen Heidedorfes, während die Gastwirtschaft am anderen Ende des Ortes liegt, was immerhin für einen Mann wie Onkel Karl eine knappe Stunde Fußmarsch bedeutet.

Als der Onkel aus seinem Haus tritt, erspäht er Erwin, seinen Nachbarn. Ihm will er schon seit einigen Tagen die Meinung sagen.

Er hat nämlich Erwin im Verdacht, den Käscher, den er kürzlich an der Örtze beim Angeln vergaß, eingesteckt zu haben, doch bevor er wieder einmal eine seiner bekannten Schimpftiraden loswerden kann, hört er den Nachbarn sagen: „Na, du verkalkter alter Trottel?"

Hatte der Onkel richtig gehört? „Was hast du gesagt?", fragt er vorsichtshalber nach.

„Guten Morgen, Onkel Karl, ein wunderschöner Morgen!"

Kopfschüttelnd geht Karlchen weiter. Sollte er sich derart verhört haben?

Während er nachdenklich Richtung Ortskern eilt, kreuzt Wilhelm, der Vorsitzende des Anglervereins, seinen Weg. Auf ihn hat Onkel Karl eine ziemliche Wut. Wilhelm hat ihm nämlich vor zwei Wochen einen kleinen Blinker geliehen, der angeblich totsicher fangen sollte. Karl hatte mit dem winzigen goldenen Stahlköder nicht einen Biss gehabt, dafür zweimal einen Hänger, beim dritten Wurf war ihm das gute Stück schließlich abgerissen und hakt nun unter Wasser an der großen Erlenwurzel im Kolk. Viel schlimmer aber ist, dass sich der erste Vorsitzende nicht scheut, von Karl Ersatz zu fordern.

„Unverschämter Geizkragen!", hört Karl jetzt und will seinen Ohren nicht trauen. Was war heute bloß mit seinen Kameraden los?

„Wie bitte?", vergewissert er sich, ob er wohl richtig gehört hat.

„Hallo, Karl! Heute Abend ziehen die Aale, wenn das Wetter anhält", lächelt Wilhelm.

Verwirrt setzt Karl grußlos seinen Marsch fort.

Da kreuzt Herr Otte seinen Weg. Herr Otte ist Kassenwart des Anglervereins und hatte behauptet, und das vor der versammelten Mannschaft, Onkel Karl würde seinen Jahresbeitrag nie pünktlich zahlen. Dabei hatte er, Karl, lediglich vergessen, zur Bank zu gehen, und außerdem: Vor seinem Alter könnte man ruhig ein bisschen mehr Respekt haben, zumal einen schließlich doch dieselbe Passion verbindet!

Ehe Onkel Karl dem Anglerkameraden jedoch die Leviten lesen kann, wie er es sich schon seit langem vorgenommen hat, vernimmt er: „Na du krummer Hund! Hast du endlich deine Schulden bezahlt?“ Das kann nicht sein, er muss sich schon wieder verhört haben!

Verblüfft starrt er auf Herrn Otte. Was war bloß heute mit ihm los? Schweißperlen bildeten sich auf seiner Stirn, und gerade will er tief nach Luft schnappen, als sein Gegenüber meint: „Morgen, Onkel Karl! Wie geht es? Sehen wir uns heute Abend am Kiessee?“, und verschwindet.

Völlig verunsichert stolpert Karl weiter. Bevor er zum Gasthaus kommt, muss er noch an Luigi vorbei. Luigi ist Angler und besitzt außerdem die Pizzabäckerei im Ort. In der Vergangenheit hatte sich Karl verschiedentlich Pizzateig von ihm „geliehen“, weil alle seine Kameraden damit die schwersten Karpfen aus dem Teich zogen. Der Onkel hatte keinen Erfolg, und Luigi hatte sich am Stammtisch erdreistet zu behaupten, er, Karl, hätte keine Ahnung vom Angeln. Das war selbst für den friedliebenden Onkel zu viel. Schon seit einigen Tagen suchte er nach einer Gelegenheit, Luigi so richtig zur Schnecke zu machen.

„Na, du Anfänger, glaubst du ehrlich, dass du das Angeln in deinem Alter noch lernst?“, vernimmt er, als er Luigi gegenübersteht.

„Was hast du gesagt, Luigi?“, stottert Karl kläglich.

„Ich habe guten Morgen gesagt“, erwidert Luigi so laut, dass Karlchen die Ohren dröhnen.

Er hat in seiner Muttersprache geredet, als er mich das erste Mal begrüßte, versucht Karl sich zu beruhigen.

Ohne den Italiener noch eines Blickes zu würdigen, eilt er weiter und stürzt schließlich, der Verzweiflung nahe, in den Gastraum, wo Manfred mit dem Polieren der Messingtheke beschäftigt ist.

„Jetzt kommt der alte Trottel tatsächlich!“, murmelt der Wirt leise vor sich hin und fährt dann lauter fort: „Na Karl, wie geht's, was führt dich schon zu so früher Stunde zu mir?“

Karl aber überhört alles, was der Gastwirt sagt, und lässt sich erschöpft auf dem Hocker vor der Theke nieder.

„Du bist doch mein Freund, dir will ich es auch als Erstem erzählen, du hast mir doch schließlich auch den Rat gegeben“, beginnt er leise und mit zitternder Stimme. Ihm klingen immer noch die Worte seiner Anglerkameraden an diesem Morgen im Ohr. Wahrscheinlich waren es wohl seine überreizten Nerven, oder sollte er sich wirklich so verhört haben?

Dann fährt er fort: „Schon seit einigen Jahren hast du mir doch geraten, zum Ohrenarzt nach Celle zu fahren. Das habe ich vor zwei Wochen getan. Er hat mir dann ein Hörgerät verschrieben und heute morgen ist es endlich mit der Post angekommen …“

## Ein freundliches Angebot

Hubertus ist ein gemütlicher, immer gut gelaunter Kerl und leidenschaftlicher Jäger, ein stattlicher Drei-Zentner-Mann, den so leicht nichts aus der Ruhe bringt. Er stammt aus der Lüneburger Heide und ist auf den Treibjagden bei uns ein gern gesehener Gast, und das nicht nur, weil er ein sicherer Schütze ist. Zudem besitzt er einen trockenen Humor, der seinesgleichen sucht, und schon deshalb ist er des Dabeiseins wert.

Wir haben bereits zwei Treiben hinter uns und für die Verhältnisse dieser Reviere eine ansehnliche Strecke von sechs Hasen, vier Kaninchen und zwei Tauben, und machen Mittagspause am Feuer.

Fast alle Schützen und Treiber haben es sich schon auf den um die lodernden Flammen drapierten großen Strohballen bequem gemacht und ihre Brotzeit ausgepackt. Wortfetzen fliegen hin und her, freudig wird erzählt, Fehlschüsse werden entschuldigt, Treffer als selbstverständlich hingenommen und nicht abgegebene Schüsse – ja, die werden kaum erwähnt, es herrscht eine ausgelassene Stimmung. Da nähern sich einige Nachzügler, unter ihnen auch Hubertus. Er schaut sich suchend nach einer passenden Sitzgelegenheit um.

„Sie haben nichts, um zu sitzen?“, fragt einer der Jungjäger, der ihm behilflich sein will.

Grollend antwortet unser gewichtiger Jäger: „Und ob ich was zum Sitzen habe, ich weiß bloß nicht, wo ich es hintun soll!“

## Weibliche Neugier

Dass die Geschichte stimmt, bezweifle ich. Mein jagdlich überpassionierter Schwager Potz – ich kenne ihn seit meiner Jugendzeit – behauptet allerdings, es habe sich wirklich so zugetragen. Alles, aber auch wirklich alles dreht sich bei ihm um das gute alte Waidwerk. Jedes andere Interesse ist allenfalls zweitrangig.

Erstaunlicherweise absolvierte er trotzdem ein annehmbares Jurastudium und wurde danach Geschäftsführer eines Verbandes für das Bauwesen, seine Jagdpassion aber blieb ungestillt.

Auch als er heiratete und sich die Familie um zwei gesunde Jungen vergrößerte, drehte sich darin alles um die Jagd.

Rosi ertrug die Leidenschaft ihres Mannes lange mit bewundernswerter Geduld. Manchmal aber wünschte sie sich, dass ihr Mann, wie andere Ehemänner auch, wenigstens am Sonntag gemeinsam mit ihr auf der Terrasse säße und Tee tränke. Daher hängt der Haussegen in der Familie mittlerweile schon einmal schief, wenn der Göttergatte jede freie Minute im Revier verbringt. Weil der ja auch noch einen recht anstrengenden Hauptberuf hat, sieht seine Familie ihn sehr selten.

Seine Frau zeigt also immer weniger Verständnis für das ewig lodernde Jagdfieber ihres Mannes, und Potz wiederum versteht nicht, dass sein Gespons ihn nicht versteht. „Wie gut hat es doch

Hugo“, denkt er oft, „seine Frau lässt ihren Mann gewähren. Er kann zur Jagd gehen, wann immer er Spaß hat, und es gibt nie Diskussionen.“

Eines Abends kommt Potz nach anstrengendem Dienst aus dem Büro zurück – es ist schon viel zu spät, um auf die Jagd zu gehen – und blickt träumend aus dem Fenster. Plötzlich ruft er seiner Frau zu: „Da läuft diese Frau, in die Hugo sich so wahnsinnig verliebt hat.“

Seine Gattin, die in der Küche beschäftigt ist, lässt vor Schreck beinahe eine Porzellantasse fallen, stürzt durch die Tür, stößt dabei noch das Goldfischbassin fast um und reckt ihren Hals aus dem Fenster.

„Wo?“, ruft sie.

„Dort an der Ecke, die mit dem Regenmantel.“

Kurzes Schweigen.

„Du Idiot“, zischt sie dann, „das ist doch seine Frau.“

„Ja, natürlich!“, erwidert Potz sanft.

## Raubzeugschärfe

Nachdem die kleine Münsterländerhündin meiner Tochter ihre Verbandsgebrauchsprüfung erfolgreich absolviert hatte, behauptete ein anderer Prüfungsteilnehmer, dessen Hund leider nicht die nötige Punktzahl erlangt hatte, sehr forsch, dass unsere Hündin ja leider nicht sehr raubzeugscharf wäre, und begann dann in langatmigen Schilderungen über seinen tollen Hund zu schwadronieren. Meine Tochter war recht betroffen, und die anderen Prüfungsaspiranten hörten höflich gelangweilt den Tiraden des Herrn zu.

Irgendwann wurde das von Neid geprägte Geschwafel aber auch einem der Richterobmänner zu viel, und er unterbrach den begeisterten Redefluss des Mannes: „Das ist noch gar nichts“, begann er. „Anfang März komme ich mit meinem erst zehn Monate alten Hund in ein Gasthaus. Plötzlich zieht der Hund mit gesträubtem Rückenhaar und knurrend auf einen Tisch am Fenster los. Er hätte sich wütend darauf gestürzt, wenn ich ihn nicht an der Leine zurückgerissen hätte."

Spätestens jetzt lauschten alle Umstehenden gebannt und warteten auf das Ende der spannenden Geschichte.

Der Prüfungsleiter freute sich sichtlich, dass er von dem großsprecherischen Angeber abgelenkt hatte, und fuhr in aller Seelenruhe fort: „Den Grund für das Verhalten meines raubzeugscharfen Hundes erkannte ich rasch: Auf dem Tisch stand eine Vase mit den ersten Boten des Frühlings – den silbergrauen Kätzchen der Weide."

## Gastfreundschaft

Mein Freund Ortwin Brukner ist Journalist und Autor, also quasi Kollege, aber was uns noch mehr als die Schriftstellerei verbindet, ist die gemeinsame Freude an der Jagd und an einem guten Whisky. Unser beider Beruf ist somit meistens nur eine Ausrede, wenn Ortwin uns besuchen kommt, und das hat meine Frau längst durchschaut. Deshalb hat Ortwin auch „keine guten Karten" bei ihr.

Eines Morgens, Ortwin und ich hatten wieder einmal bis spät in die Nacht oder besser noch in den frühen Morgen vor dem Kamin gesessen und eine ganze Flasche Whisky geleert, platzte meiner Frau der Geduldsfaden: „Dein Kollege kommt mir nicht mehr ins Haus", polterte sie erregt.

„Ich muss mit ihm doch noch über die Reportage zum Hubertustag sprechen“, erwiderte ich gelassen.

„Aber dann ohne Alkohol!“, wurde ich sofort unterbrochen.

„Wenn Du jedem Gast die Gläser, die er in unserem Haus trinkt, vorrechnest, werden wir bald einsam sein“, konterte ich. „Das sind schon keine Gläser mehr, das ist ja immer eine ganze Flasche!“, empörte sich meine Frau und ließ sich nicht beruhigen.

„Dein famoser Freund kommt, setzt sich hin und trinkt ein Glas nach dem anderen, bis er voll und die kostbare Flasche leer ist.“

Nun muss ich zu meiner Entlastung sagen, dass ich noch nie eine teure Flasche Whisky erstanden habe. Für mich tut es, obwohl ich bei Leibe kein Kostverächter bin, auch eine Sorte billigerer Herkunft.

Außerdem mag ich Ortwin wirklich gern, er hat immer Zeit für mich, ist außerordentlich kreativ und hilfsbereit und hat mir durch seine guten Beziehungen zu verschiedenen Redaktionen schon so manchen Auftrag für eine Reportage vermittelt. Ich will daher auf seine Freundschaft nicht verzichten.

Das wusste meine Frau allerdings, und ihr war auch klar, dass wir meinen Freund nicht einfach von heute auf morgen nicht mehr in unserem Haus empfangen konnten, dazu noch, ohne ihm einen Scotch anzubieten. Und plötzlich hatte sie eine geniale Idee.

„Weißt du, was wir tun? Wenn Ortwin wiederkommt, sagen wir, der Arzt habe dir jeglichen Alkohol verboten.“

„Aber das stimmt doch gar nicht, außerdem werde ich den Teufel tun und aufhören zu trinken“, antwortete ich verdutzt.

„Es ist doch nur ein Trick, wenn Ortwin wiederkommt“, beruhigte mich mein Weib, und ich gab mich resignierend geschlagen.

Am übernächsten Abend steht, noch in voller Jagdausrüstung und mit dem Rucksack auf dem Rücken, ein strahlender Ortwin vor unserer Haustür. Er hat einen Rehbock geschossen, will ihn mir zeigen und natürlich mit uns auf sein Waidmannsheil anstoßen.

Meine Frau dämpft seine Freude aber sofort: „Dem Gert geht es nicht gut, er hat es mit der Leber, der Arzt hat ihm jeden Tropfen Alkohol untersagt“, empfängt sie den Freund triumphierend.

Ich nicke traurig mit dem Kopf, um der Aussage Nachdruck zu verleihen.

Ortwins bis dahin so fröhliche Miene verzieht sich. „Das ist ja furchtbar“, entfährt es ihm. „Ich habe schon so viel bei euch gefeiert und getrunken, dass es mir manchmal schon peinlich war. Nun, wo ich doch den guten Bock geschossen habe, wollte ich mich endlich bei euch revanchieren.“

Währenddessen nimmt er umständlich seinen Rucksack von der Schulter, fördert vorsichtig das abgeschärfte Haupt des Rehbockes aus einer Plastiktüte und sodann zwei kostbare Flaschen aus dem Hasensarg.

„Aber wenn Gert nichts trinken darf...“, traurig packte er die guten Stücke wieder weg und beginnt zu erzählen, wie, wo und wann er den Bock erlegte.

Ich höre nur halbherzig zu und schaue zu meiner Frau hin, die sich unter meinen Blicken wie ein Wurm zu krümmen beginnt.

Den wertvollen Inhalt seiner teuren beiden Flaschen hat Ortwin dann bei sich zu Haus alleine geleert, um mich nicht in Versuchung zu führen, wie er mir später betroffen beichtete.

Ich bin längst wieder „gesund“, und Ortwin kommt wieder regelmäßig zu uns, um mit mir zu trinken. Meinen billigen Whisky. Meine Frau schluckt nur noch trocken, wenn Ortwin vor der Tür steht.

## Schild(er)bürgerstreich

Einer meiner Freunde pachtete in der Nähe unserer Bundeshauptstadt ein Revier, in dem eine ungefähr 2,5 Kilometer lange Verbindungsstraße zwischen einer Land- und einer Bundesstraße gebaut wurde.

Sie durchschnitt eine zirka 150 Hektar große landwirtschaftliche Nutzfläche, kreuzte dabei zwangsläufig die alten Wildwechsel, und die Zahl der Wildunfälle nahm seither in erschreckendem Maße zu. Um weiteren Autokollisionen mit Wild vorzubeugen, stellte mein

Freund beim zuständigen Ordnungsamt einen Antrag für das Aufstellen von Warnschildern „Achtung Wildwechsel". Über einen Monat musste er warten, bis er Antwort erhielt.

Der Antrag wurde durch die Straßenverkehrsbehörde des Landkreises abgelehnt. In der Begründung heißt es: „...Im Punkt 2.1 des Erlasses ‚Verhütung von Unfällen mit Beteiligung von Wild im Land Brandenburg' wird zur Beschilderung mit Vz.142 u. a. ausgewiesen, dass Vz. 142 StVO nur auf Straßen mit schnellerem Verkehr und nur dort aufgestellt werden darf, wo Wild (Schalenwild) häufig über die Straße wechselt (s. a. Verwaltungsvorschrift StVO zu Vz. 142).

Der Einsatz von Schilderkombinationen (d. h. Vz. 142 mit z. Zt. 1001-31) sollte aber erst angeordnet werden, wenn mind. 4 Unfälle mit Beteiligung von Wild pro km und Jahr registriert wurden."

Ein Hoch auf die weit vorausschauenden Schild(er)bürger! Das Aufstellen eines Schildes wird erst genehmigt, wenn mindestens vier Wildunfälle pro Kilometer und Jahr entstanden sind!

## Jäger und Gejagter

Gegen vier Uhr nachmittags schlendere ich den Schäferdamm entlang, um in Fromhages Busch zu blatten. Es staubt bei jedem meiner Schritte auf dem trockenen Sandweg. Der Hund neben mir hechelt leise, obwohl es nicht mehr heiß ist.

Nach knapp 50 Metern verlasse ich den Waldweg, pirsche in den Bestand, lege den Hund ab, schleiche zehn Meter weiter und stelle mich an eine alte Kiefer.

Zwischen den dichten Kronen der Kiefern schwebt ein Mäusebussard lautlos davon. Ein unbefangener Spaziergänger hätte sein heimliches Abstreichen wahrscheinlich gar nicht bemerkt. Zwei Ringeltauben klatschen fort. So heimlich und leise, wie ich glaubte, bin ich also doch nicht gewesen.

Trotzdem warte ich nur kurz, eine Minute, vielleicht auch zwei, dann fiepe ich leise auf dem Buchenblatt, die Büchse entsichert unter die Achselhöhle geklemmt, um schussbereit zu sein, wenn ein Bock springt.

Gesa sitzt hoch aufgerichtet, mit aufgestellten Behängen beobachtet sie angestrengt den Bestand, schaut aber zwischendurch immer wieder zu mir her. Auch ich versuche – das Blatt habe ich in die Brusttasche meines Hemdes gesteckt – etwas wahrzunehmen, lausche nach verräterischen Vogelstimmen oder dem Knacken eines Zweiges.

Entfernt ruft ein Kleiber. Das klingt beruhigend, nicht wie ein erschreckter Warnruf, der das Nahen von Wild ankünden könnte. Eine helle Motte gaukelt durch den Bestand, sonst geschieht nichts, was auf Leben in meiner Umgebung schließen lässt.

Der Hündin ist es offenbar langweilig geworden. Sie hat sich geräuschvoll auf den weichen Nadelboden fallen lassen, den Kopf zwischen die Vorderpfoten gebettet und schielt zu mir herüber. Nun erhebt sie sich wieder, die fliegenden und summenden Quälgeister machen ihr zu sehr zu schaffen. Sie setzt sich aufrecht hin, schnappt zweimal nach einer Mücke oder Fliege, guckt dann, als habe sie ein schlechtes Gewissen, verstohlen wieder zu mir und lässt sich, nachdem sie sich mehrmals um ihre eigene Achse gedreht hat, wieder auf den Boden plumpsen.

Gerade klemme ich den Schaft des Gewehres wieder zwischen Oberarm und Brustkorb, will nach fünfminütiger Wartezeit noch einmal blatten, da erhebt sich Gesa mit einem Ruck. Sie starrt nach vorn, ihre Rute wedelt verhalten, und im selben Augenblick stürmt wie ein roter Strich ein Reh auf sie zu.

Im selben Augenblick saust der Schaft meiner Büchse vor die Schulter, und durch das Zielfernrohr nehme ich auf knapp zwanzig Meter einen Bock wahr. Kurze, hell blitzende Spieße über einem bunten Jährlingsgesicht erkenne ich, lasse die Waffe sinken, und in diesem Moment bemerkt der Jüngling den Hund, will ausweichen, aber zu spät, es gelingt nicht mehr.

In den Vorderläufen einknickend, stürzt der Bock auf Gesa zu, die erschreckt zur Seite ausweichen will, dem Zusammenprall aber nicht mehr entgehen kann.

„Wenn der Korken quietscht!“

„Der Chirurg und sein Bock“

Für Sekunden wirbeln zwei Tierkörper wild durcheinander, dann ist der Spuk auch schon wieder vorüber. Der Bock prescht laut krachend in panischem Schrecken davon und verschwindet im dichten Gebüsch, einen aufgeregt, ratlos wirkenden Hund sowie einen nicht weniger aufgeregten, amüsierten Jäger zurücklassend.

Belustigt sichere ich meine Büchse, hänge sie mir über die Schulter, gehe zu der verwirrten Hündin, bücke mich, um sie zu streicheln und beruhigend auf sie einzureden, während Gesa mich mit einem vorwurfsvollen Ausdruck in ihren dunklen Augen anblickt.

## Bambis Rückkehr

Während meiner Zeit als Schriftleiter bei einer großen deutschen Jagdzeitschrift erhielt ich mit der Bitte um Veröffentlichung das Manuskript eines, wie er selber schrieb, „alten und erfahrenen Jägers" auf meinen Schreibtisch. Es ist erstaunlich, wie viele „alte und erfahrene Jäger" es gibt. Ich hatte während meiner Tätigkeit als Redakteur fast ausschließlich mit solchen zu tun.

Dieser „alte und erfahrene Jäger" schrieb mir, er habe aus einer geschlossenen Kanzel an einem Wildacker heraus einen jungen, schlecht veranlagten Rehbock beschossen, der anschließend schwer krank im Topinambur verschwand.

Nach der nötigen Wartezeit – „ich habe ja langjährige Jagderfahrung“, schrieb der Mann – ging er zum Anschuss, fand Schweiß, folgte der Wundfährte und fand den Bock dann wenige Meter weiter zwischen den hohen Topinamburstauden im Wundbett.

Als der Bock versuchte sich fortzuschleppen, sah der Jäger mit Entsetzen, dass das Geschoss dem Reh dicht unter dem Brustkern beide Vorderläufe zertrümmert hatte. Nach kurzem Überlegen holte er sein Auto, warf seinen Lodenmantel über das geschundene Stück und hob es sodann unter großen Anstrengungen in den Kofferraum.

Anschließend fuhr er zu einem befreundeten Tierarzt, der dem bedauernswerten Bock unter Narkose die beiden Läufe schiente. Nach gelungener Operation wurde der Patient zum Jagdhaus transportiert und fristet seitdem in dem großen Garten sein Dasein.

Bambis Rückkehr!

## Wie die Bienen

Magnus Alexander, mit dem ich schon viele Jahre zusammen gejagt habe und mit dem mich zahlreiche gemeinsame Erlebnisse verbinden, ist zwar passionierter Jäger, aber mindestens genauso gern lässt dieser Spross eines österreichischen Adelsgeschlechts manchmal Jagd Jagd sein und widmet sich den Damen, obwohl er eine glückliche Ehe führt. Ein anderer Freund formulierte einmal: „Alexander führt doch wirklich eine perfekte Ehe, er schnarcht und seine Frau ist taub.“

Beim weiblichen Geschlecht, so hat es für mich manchmal den Anschein, hat er weitaus mehr Erfolg als auf der Pirsch. Das dürfte auch daran liegen, dass er blendend aussieht. Um seine immer sportlich braune Gesichtsfarbe zu pflegen, besucht er regelmäßig ein Solarium, und dass er auch sonst stets eine gute Figur abgibt, dafür sorgt sein Schneider.

Wenn wir zusammen ein paar Tage auf der Hütte verbringen, hat „Alexander der Kleine“, wie er von uns Freunden betitelt wird –

er selbst nennt sich allerdings gerne „Alexander der Große“ – keine Ähnlichkeit mehr mit dem großen Feldherrn, sondern gleicht eher dem Ritter von der traurigen Gestalt, den der spanische Dichter Cervantes so charakteristisch beschrieben hat.

Noch etwas zeichnet Alexander aus. Da er von Jugend an sehr intensiv jagte – „meine Mittel erlauben mir das“, zitiert er gerne ein altes Studentenlied – kam seine Schulbildung meist etwas zu kurz. Ein anderer Freund frotzelte gar sarkastisch, als das Gespräch einmal auf Bildung kam: „Die einzige Bildung, die ich bei dir feststellen kann, ist die von Rost auf deiner Büchse.“

Alexander der Große hat einen Sohn, genannt „Butze“, der seinem Vater sehr ähnlich ist, und zwar nicht nur äußerlich, sondern auch in der Art seines Auftretens und Benehmens. Fröhlich, aufgeschlossen und wie sein Vater stets zu Späßen aufgelegt.

Trotz dieser Ähnlichkeiten hegte Alexander einmal Zweifel an seiner Vaterschaft, so erzählt er jedenfalls gerne. In München war es, in einem Biergarten. Dort ließ er sich eine riesige Maß Bier bringen und wollte seinen Sprössling auch davon trinken lassen. Doch der mochte nicht. „Vater, ich mag lieber eine Limonade!“ Ärgerlich betrachtete der Vater den Buben, blickte dann finster zu seiner Frau und sagte: „Am End ist der Bub gar net von mir?“

Butze war gerade einmal 14 Jahre, hatte wie sein Vater nur Jagd, Mädchen und andere Dinge im Kopf, die das Leben so verschönen, als seine Klassenlehrerin den Vater wegen seines Sprösslings zu sich bat. „Herr Graf, ihr Sohn ist noch sehr naiv für sein Alter, wenn ich ihn mit seinen Klassenkameraden vergleiche, er redet ja nur von der Jagd. Haben Sie nicht einmal daran gedacht, dass Sie ihn auch aufklären müssen?“

Alexander muss bei diesen Äußerungen wohl ein ziemlich dummes Gesicht gemacht haben, denn die Frau fuhr erklärend fort: „Sie wissen doch, was ich meine: die Bienen, die Ameisen, die Hummeln, die Blüten und so weiter.“ Der so geforderte Vater versprach, mit seinem Sprössling zu reden.

Bald danach berichtete mir Alexander mit ernster Miene von diesem „schwierigen“ Gespräch und wie er das Problem gelöst hatte.

„Butze“, hatte er seinen Sohn in einem ihm günstig erscheinenden Moment zu sich gerufen, und seine Augen blitzten, als er vom weiteren Fortgang des Aufklärungsgesprächs berichtete. „Du erinnerst dich, wie wir vor zwei Wochen auf der Jagd im Moorholz waren und die beiden hübschen jungen Mädchen trafen?“ Der Sohn nickte und auch seine Augen begannen zu leuchten.

„Ich sagte damals, dass Mammi nie erfahren dürfte, dass wir mit den beiden dann ganz intensiv zusammen waren, weißt du das auch noch?“ Butze nickte erneut.

„Ja“, fuhr der Vater fort, „so wie wir es gemacht haben, so machen es auch die Bienen, die Ameisen, die Hummeln …“

## Auf Spurensuche

In der Lüneburger Zeitung war am 1. April 2004 nachfolgender Artikel zu lesen (leicht gekürzt):

*Sensationelle Ausstellung in Lüneburger Museum:*
*Ostpreußisches Landesmuseum zeigt den letzten Nubuk*
Im Ostpreußischen Landesmuseum (OL) wird so mancher Schatz gehütet. Einer aber ist so einmalig und brisant, dass er bis jetzt nicht gezeigt werden durfte. Er lagert im Keller des Museums in einer eichenen, mit Eisen beschlagenen Truhe. Es handelt sich

weder um Gold noch Juwelen, sondern um ein ausgestopftes Tier, das in einzelnen Exemplaren noch vor rund 200 Jahren in den ostpreußischen Wäldern vorkam und nun ausgestorben ist, um den Nubuk.

Direktor Dr. Ronny Kabus hätte am liebsten den Mantel des Schweigens über den Nubuk gebreitet. Doch der Lüneburger Jagdschriftsteller Gert G. von Harling war der totgeschwiegenen Tierart schon lange auf der Spur gewesen, einer Spur, auf der er schließlich im OL fündig wurde. Obgleich Dr. Kabus nun Unannehmlichkeiten fürchten muss, öffnete er zusammen mit dem OL-Zoologen Dr. Christoph Hinkelmann die geheimnisvolle Truhe für den Schriftsteller.

*Gert G. von Harling auf der Fährte ausgestorbener Tiere – das Ende der Nubuk-Verschwörung*

Die Reihe der Geschichtsklitterungen ist lang. Jedes herrschende System biegt sich die Geschichte so zurecht, dass sie in seine Ideologie oder Linie passt. Das Waidwerk war bisher von derartigen Vergewaltigungen der Wahrheit verschont geblieben.

Jetzt aber haben profunde Forschungen des bekannten Jagdschriftstellers von Harling Schatten auf die Zunft der Grünröcke geworfen, mit einem Wort: Gert von Harling ist einer Geschichtsfälschung durch die Jäger und deren Lobby auf die Schliche gekommen, die ihresgleichen sucht. Er hat herausgefunden, dass in der gesamten Literatur der Zoologie und des Jagens ein deutsches Hochwild einfach unterschlagen worden ist!

Interessant ist: Dieses Wild lebte noch zu der Zeit, in der in Deutschland die letzten Bären erlegt wurden. Doch dann wurden alle Spuren, die auf dieses Tier hindeuteten, beseitigt. Nur in zusammengesetzten Worten finden sich noch heute Hinweise auf diese Wildart.

Ehe wir ihren Namen verraten, folgender Hinweis: Es gibt Schweinsleder, Kalbsleder, Ziegen-, Hirsch- und Was-weiß-ich-noch-für-Leder. Und zu jedem dieser Leder gibt es auch ein Tier. Aber: Was ist mit Nubuk-Leder? Leder ja – Nubuk nein?

Dazu Gert von Harling: „Man überliest das einfach. Nubukleder. Auch ich habe es unzählige Male überlesen, überhört. Aber dann machte es auf einmal Klick. Nubuk-Leder – von welchem Tier stammt das eigentlich? Die Antwort ist einfach – vom Nubuk natürlich! Folgt man der Logik, ist keine andere Antwort möglich."

*Spurensuche im Lexikon*

Bei Freunden und in Museen zog von Harling die ältesten Folianten zu Rate, deren er habhaft werden konnte.

Bei einem Jagdfreund in der Nähe von Bodenwerder schließlich fand er in einem Konversationslexikon von 1723 folgenden Eintrag: „Der Nubuk (in Ostpreußen auch mundartlich das Nubuk) ist ein Paarhufer und lebt in kleinen Rudeln. Er ist etwas größer als ein Reh, hat einen gedrungenen Körper, seine Decke ist von grauer Farbe. Auch die männlichen Tiere haben kein Gehörn oder Geweih. Der Nubuk wird nicht nur wegen seines wohlschmeckenden Fleisches, sondern vor allem wegen seiner Decke bejagt, die ein hervorragendes Leder abgibt. Sein Fett, erhitzt und flüssig getrunken, hilft gegen Darmgrimmen und Harndrang."

Da war der Beweis!

Gert von Harling: „Schade – eine Illustration des Nubuk fehlte." Doch davon ließ er sich nicht entmutigen. Ein alter, aus Ostpreußen stammender Jagdfreund riet ihm: „Fragen Sie mal im Ostpreußischen Landesmuseum nach. Sie wohnen doch in Lüneburg. Sagen Sie denen auf den Kopf zu, dass sie einen Nubuk besitzen!"

Gesagt, getan: Mit der Wahrheit konfrontiert, mussten Dr. Kabus und Dr. Hinkelmann gestehen, ein solches Exemplar zu besitzen.

Sie führten von Harling in einen Keller des Hauses zum Fundus. Und hier stand – ausgestopft und in einer mit Messing beschlagenen Eichentruhe verpackt – das letzte vorhandene Exemplar seiner Art: ein Nubuk!

*Das Erbe des „Kaludrichkeit"*

Das ausgestopfte Tier war von dem Landwirt Johann Kaludrichkeit aus Groß Nappern im ostpreußischen Kreis Osterode im Treck im Februar 1945 über das brüchige Eis der Kurischen Nehrung bis nach Eutin in Schleswig-Holstein gerettet und erst vor sieben Jahren dem Museum in Lüneburg vermacht worden.

In einem dem Nubuk beigelegten Brief an das Museum heißt es: „Dem Nubuk hatte mein Urgroßvater mütterlicherseits, Carl-Friedrich Schameitat, mit einem Rehposten (Kugelgeschoss für die Schrotflinte, die Redaktion) erschossen. Haltet dem Nubuk in Ehren! Johann Kaludrichkeit."

Der Vollständigkeit halber sei erwähnt: Um seinem Wunsch nach „Hochhalten" freundlichen Nachdruck zu verleihen, hatte der Erblasser dem Nubuk eine Flasche Bärenfang zwischen die Vorderläufe geschoben.

Warum posaunte das Museum die sensationelle Entdeckung eines ausgestorbenen, unbekannten Tieres nicht in alle Welt hinaus, mehr noch, warum versteckte es das Tier im Keller in einer großen Kiste?

Auf von Harlings Fragen wich Hinkelmann aus, ja, der Schriftsteller hatte das Gefühl, dass der Zoologe bedauerte, ihm das ausgestopfte Nubuk überhaupt gezeigt zu haben. – Hatte da jemand einen Maulkorb verhängt? Es riecht nach Verschwörung ...

Wie dem auch sei: Gert von Harling wurde bei Nennung des Ortsnamens hellhörig – Groß Nappern? Könnte dieser Name nicht auf die Spur eines weiteren Wildes hindeuten, dessen Existenz – aus welchen Gründen auch immer – verleugnet wird?

Gert von Harling forscht jetzt nach einem zweiten vergessenen Wild, dessen Haut heute ebenfalls wie des Nubuks imitiertes Leder weltbekannt ist – dem Nappa.

*Das Ostpreußische Landesmuseum erwartet einen Besucheransturm*
Warum wurde und wird bis heute die Existenz zweier Wildarten einfach unterdrückt? Ist es die Scham darüber, dass Schonzeiten und Schutzgesetze nicht beachtet wurden? Wollen einflussreiche Jäger den Ehrenschild der Zunft rein halten? Gibt es Verbindungen in die hohe Politik?

Sicherlich stimmen alle drei Vermutungen. Gert von Harling will sich nicht aufhalten lassen, will weiterforschen, Fakten auf den Tisch legen: Der Wahrheit eine Gasse. Nubuk und Nappa müssen aus der Vergessenheit geholt werden!

Besucher des OL indes dürfen sich freuen: Der letzte Nubuk der Welt steht jetzt – Jagdfrevel hin oder her – in einer gläsernen Vitrine. Dr. Ronny Kabus: „Ich bin froh, dass die Geheimniskrämerei ein Ende hat. Wir erwarten einen Ansturm von Besuchern aus aller Welt."

## Nekrolog

„Sie sind doch auch Jäger, dann kannten Sie gewiss auch den im vergangenen Jahr verstorbenen Franz Rosemann?", fragte mich beiläufig ein Herr, dessen Bekanntschaft ich erst kürzlich gemacht hatte.

„Franz Rosemann?"

„Ja, Franz Rosemann."

Ich schüttelte den Kopf. „Nein, den kannte ich nicht, was war er für ein Mensch?"

„Es war der größte Jäger aller Zeiten, eine Seele von Mensch", sagte mein neuer Bekannter, „ein Charakter, wie er im Buche steht."

„So jemanden findet man heute selten", erwiderte ich.

„Sie haben Recht. Franz Rosemann war in jeder Beziehung eine Ausnahme. Er war ein Übermensch, ein edler Mann, ein großer Humanist, ein feinsinniger Kavalier alter Schule mit weit gespanntem geistigen Horizont, blendendem Witz, ein fantastischer Schütze, der eigentlich nie fehlte, und mit waidgerechten Maximen, von denen sich die heutige Jägergeneration eine große Portion abschneiden könnte. Es ist wirklich schade, dass er so früh von uns gehen musste."

„Ja, ja", entgegnete ich, „die großen Vorbilder für uns Jäger werden immer seltener und oft gehen die Besten zu früh von dannen."

„Gewiss“, sagte mein Bekannter betrübt. „Auch Franz Rosemann musste leider viel zu früh dran glauben, es ist ein Jammer, ein Mann mit solchem profunden jägerischen Wissen, mit solchen Fähigkeiten, ein Naturbursche, wie es ihn wohl nie wieder geben wird – er hätte es verdient, hundert Jahre alt zu werden.“

„Manchmal ist das Schicksal hart und unerbittlich“, pflichtete ich bei.

„Sie sagen es“, nickte mein neuer Bekannter. „Ich würde viel darum geben, wenn Franz Rosemann noch unter den Lebenden wäre.“

„Sie kannten ihn wohl sehr gut?“, fragte ich teilnehmend.

Mein neuer Freund winkte ab.

„Nein, nein, das nicht“, fuhr er versonnen fort, „ich kannte ihn überhaupt nicht, nur – ich habe seine Witwe geheiratet.“

## Die Geliebte meines Freundes

Freund Storch, ein sehr charmanter und gut aussehender Erzähler, zwei Meter lang – er betont stets, zwei Meter „groß“ –, herzensgut und Schwarm vieler Frauen, vor allem potenzieller Schwiegermütter, ist immer noch Junggeselle. Schließlich ist er schon Mitte Dreißig, und seine Mutter behauptet immer stolz, er sei doch der

Große Preis von Niedersachsen, aber alle Bemühungen, den Freund unter die Haube zu bringen, waren bisher erfolglos. Er hat keine Zeit, sich nach einer Braut umzuschauen, Jagen ist sein ganzer Lebensinhalt, ist lustiger und wichtiger, als auf irgendwelche faden Bälle zu gehen, wo man doch nur versucht, ihn mit einer der Schönheiten des Landes zu verkuppeln.

Ich hatte ihn längere Zeit nicht gesehen, und plötzlich standen wir uns am zweiten August in Hannover in einer Fußgängerzone gegenüber. Er sah blendend aus, erholt, braun gebrannt, und seine Augen strahlten. „Was für eine Überraschung, du zur Blattzeit in der Stadt?“, begrüßte ich ihn.

„Du in der Großstadt Hannover, wo jetzt draußen die Böcke treiben?“, kam prompt die erstaunte Gegenfrage.

Die Freude war jedenfalls auf beiden Seiten gleich groß. Obwohl noch bestes Büchsenlicht herrschte, beschlossen wir, gemeinsam ein Bier zu trinken.

Nachdem wir über Rehböcke, Feisthirsche, Entwicklung der Niederwildbesätze und all die anderen wichtigen Dinge im Leben gesprochen hatten, äußerte ich so ganz nebenbei: „Gut siehst du aus, bist wahrscheinlich viel zur Jagd gekommen“, und fügte ironisch gemeint augenzwinkernd hinzu: „Oder bist du etwa verliebt?“

Prompt kam die Antwort, und mir fiel fast meine Tabakspfeife aus dem Gebrech, denn damit hatte ich nun wirklich nicht gerechnet: „Und wie, ich glaube, endlich hat's geklappt! Nach langem Zögern habe ich mich schließlich entschieden.“

„Herzlichen Glückwunsch!“, entfuhr es mir, und neugierig hakte ich nach, „was ist sie denn für eine?“

„Du, das ist eine verrückte Geschichte“, begann Storch zögernd und fuhr fort, „lange Zeit habe ich ja für eine Deutsche geschwärmt, doch plötzlich begann ich mich für eine Belgierin zu interessieren.“

Mein Freund ist ja ein ziemlicher Schwerenöter dachte ich, weil ich das nie von ihm geglaubt hätte, und forschte weiter: „Wie kam denn das?“

„Sie gefiel mir einfach besser, war irgendwie raffinierter, nicht so alltäglich, sie lag mir einfach besser, verstehst du das?"

Ich bejahte. „Aber glaubst Du denn, dass so eine Ausländerin das Richtige für Dich ist?"

„Beruhige dich, aus dieser Schwärmerei ist nichts geworden", erwiderte Storch.

„Und wieso nicht?", bohrte ich nach.

„Es passierte auf der großen Country Messe in England, Tausende von Menschen, Hunderte von Verkaufsständen", gestand Storch geheimnisvoll.

„Aha, eine Engländerin also."

„Und was für eine, ganz mein Typ, sie sieht blendend aus, sie liegt mir einfach, von einer wie ihr habe ich mein Leben lang geträumt."

„Muss ja Liebe auf den ersten Blick gewesen sein", ließ ich mich von seiner Begeisterung anstecken.

„Genau, ich war und bin immer noch ganz hingerissen. Sie wirkt so solide und ist darüber hinaus sehr spritzig und äußerst elegant, einfach wie maßgeschneidert für mich." Dann zwinkerte er mir zu und fuhr fort: „Wenn du die im Arm hast, vergisst du alles um dich herum."

„Das sollen die Engländerinnen ja so an sich haben", äußerte ich skeptisch, „aber ..." Storch unterbrach mich: „Weißt du was? Komm mit, ich zeige sie dir. Sie ist ganz in der Nähe und wird dir bestimmt auch gefallen."

Wir bezahlten unsere Zeche, verließen die Kneipe und schlenderten durch die Straßen. Zugebenermaßen war ich recht neugierig und ungeduldig.

„Nur noch um diese Ecke, dann sind wir da."

Nervös schaute ich in eine Schaufensterscheibe, wo sich mein Konterfei widerspiegelte, strich mir noch einmal über meine einst volle, nun etwas schüttere Haarpracht und wollte den Sitz meiner Krawatte prüfen. Storch drängte aber vorwärts und blieb dann vor den Auslagen im Schaufenster eines Waffengeschäftes stehen.

„Da ist sie, sieht sie nicht hinreißend aus?"

„Wo ... Wie ... Was, ich sehe ...“ stammelte ich verunsichert.
„Na da, vor dir, die Purdey, ist sie nicht einfach ein Traum?“

## Gesas Jagd ohne Einladung

Es geschah an einem herrlichen Herbstabend auf der Heimfahrt von einer längeren Geschäftsreise. Gesa tat mir besonders leid, weil sie viele Stunden, nur von einigen Trinkpausen unterbrochen, im Auto verbringen musste. Von dort aus wanderten ihre Gedanken, sofern Hunde überhaupt träumen können, gewiss hinaus ins Revier, wie auch meine immer wieder vom Verhandlungstisch fort durch das Fenster des Sitzungsraumes hinausschweiften, wo sie enttäuscht nur auf Dächer, Schornsteine, ein Gewirr von Stromleitungen und Antennen stießen.

Als wir uns nun endlich unserem Kessel nähern und nahe dem Revier eines Jagdfreundes vorbeifahren, wähle ich einen kurzen Umweg und lasse die Hündin aus dem Auto. Fröhlich rast sie weit vor dem Wagen her.

Es ist bereits sehr dämmerig, da höre ich vom über hundert Meter entfernten Kanal mehrere Schüsse fallen. „Die Freunde sind auf Entenjagd, gut, dass ich nicht dort entlang gefahren bin und sie gestört habe“, überlege ich, und während der Wagen weiterrollt, bedauere ich, dass mein Hund und ich an dieser kleinen Jagd nicht teilnehmen konnten.

Gesa ist weit vorausgeprescht, sie kennt und liebt es, vor dem Auto herzulaufen und ihre Freiheit zu genießen – nun ist sie aber offenbar zu weit gegangen, ich sehe sie nicht mehr. Ich halte am Wegrand, steige aus dem Auto und schon schrillt der grelle Pfiff aus meiner Hundepfeife über die Wiesen.

Augenblicke später löst sich ein Schatten aus der Dunkelheit und ich erkenne beruhigt und wieder einmal erfreut über ihren Gehorsam, dass es Gesa ist, die da zügig auf mich zutrabt, sich dann vorschriftsmäßig vor mich setzt und sich bereitwillig einen frisch erlegten Stockerpel aus dem Fang nehmen lässt.

Man möge Nachsicht üben: Ich habe mich über den „Diebstahl" meiner Hündin, ihre jagdliche Leistung und die unerwartete Beute sehr gefreut und mir später auch den Braten köstlich schmecken lassen, den man mir, froh über die erfolgreiche „Verlorensuche", gern überließ.

## Trophäenkult

Es war in den Llanos, den weiten Grassavannen Venezuelas, wo ich einige Jahre lebte und jagte. Wieder einmal war ich mit Jose, einem Viehhirten, losgeritten, um – damals illegalerweise – zu jagen.

Ich konnte einen kapitalen Weißwedelhirsch erlegen und freute mich wahnsinnig über das starke Geweih. Der mich begleitende „vaquero" freute sich allerdings weitaus mehr über das Wildbret, denn das bedeutete für ihn und seine große Familie, sich eine Woche satt essen zu können. Der guten Trophäe schenkte er überhaupt keine Beachtung.

Die Bergung eines starken Weißwedelhirsches mit zwei störrischen Pferden ist in der Wildnis oft recht beschwerlich, und wir waren froh, als wir endlich das ganze Wildbret des zerwirkten Stückes auf den beiden Pferderücken festgezurrt hatten. Als letztes band ich auch noch das Haupt des Hirsches an meinem Sattel fest.

Verständnislos schaute mir Jose bei meinen Bemühungen zu. Schließlich meinte der Naturbursche ganz erstaunt: „Senor, no lo sabia, que se comen este!" (Ich wusste gar nicht, dass man das auch essen kann!)

## Spätes Erkennen

Jagdfreund Erhard hat von einem entfernten Verwandten einen Deutsch-Drahthaar, einen abgrundhässlichen Hund, übernommen. Aber der Vierläufer ist nicht nur äußerlich eine Beleidigung für seine Rasse, sondern auch jagdlich keinen Pfifferling wert.

Sämtliche schlechten Eigenschaften, die ein Hund nur besitzen kann, scheinen sich in „Nero“ vereinigt zu haben.

Erhard wird von uns wegen seines Vierläufers häufig gehänselt und kann daher manchmal seinen eigenen Hund nicht ausstehen. Eines Tages bittet er dann auch Jagdfreund Wilhelm, den Hund für ihn zu verkaufen. Erhard ist es leid geworden, immer wieder Gegenstand unserer Frotzeleien zu sein. Mit dem Hund kann er ja auch wirklich nicht viel Staat machen.

So einfach, wie gedacht, soll die Entledigung des Hundes allerdings nicht vonstatten gehen, wie sich bald herausstellt. Irgendwann treffe ich nämlich Erhard und frage ihn, ob er den Nero denn nun losgeworden sei.

„Nein“, antwortet er kurz angebunden, „ich werde den Hund nicht verkaufen.“

„Wie? Was? Du wolltest doch...“

„Ja“, unterbricht mich Erhard, „ich habe den Wilhelm ja auch gebeten, und der hat eine Anzeige in der Jagdzeitschrift aufgegeben, die ich natürlich gelesen habe. Darin hat der Wilhelm den Hund so hinreißend beschrieben, dass ich mich letztendlich nicht zu einer Trennung von Nero entschließen konnte ...“